# 中国古代道士

王 烨 编著

 中国商业出版社

图书在版编目（CIP）数据

中国古代道士／王烨编著 . -- 北京：中国商业出版社，2015. 5（2022. 1 重印）
ISBN 978-7-5044-8502-1

Ⅰ. ①中… Ⅱ. ①王… Ⅲ. ①道士-列传-中国-古代 Ⅳ. ①B959. 92

中国版本图书馆 CIP 数据核字（2015）第 117093 号

责任编辑：许延平

中国商业出版社出版发行
010-63180647　　www. c-cbook. com
（100053 北京广安门内报国寺 1 号）
新华书店经销
三河市吉祥印务有限公司印刷
*
710 毫米×1000 毫米　16 开　12. 5 印张　200 千字
2015 年 5 月第 1 版　2022 年 1 月第 3 次印刷
定价：25. 00 元
*　*　*　*
（如有印装质量问题可更换）

# 《中国传统民俗文化》 编委会

# 序 言

　　中国是举世闻名的文明古国,在漫长的历史发展过程中,勤劳智慧的中国人创造了丰富多彩、绚丽多姿的文化。这些经过锤炼和沉淀的古代传统文化,凝聚着华夏各族人民的性格、精神和智慧,是中华民族相互认同的标志和纽带,在人类文化的百花园中摇曳生姿,展现着自己独特的风采,对人类文化的多样性发展做出了巨大贡献。中国传统民俗文化内容广博,风格独特,深深地吸引着世界人民的眼光。

　　正因如此,我们必须按照中央的要求,加强文化建设。2006 年 5 月,时任浙江省委书记的习近平同志就已提出:"文化通过传承为社会进步发挥基础作用,文化会促进或制约经济乃至整个社会的发展。"又说,"文化的力量最终可以转化为物质的力量,文化的软实力最终可以转化为经济的硬实力。"(《浙江文化研究工程成果文库总序》)2013 年他去山东考察时,再次强调:中华民族伟大复兴,需要以中华文化发展繁荣为条件。

　　正因如此,我们应该对中华民族文化进行广阔、全面的检视。我们应该唤醒我们民族的集体记忆,复兴我们民族的伟大精神,发展和繁荣中华民族的优秀文化,为我们民族在强国之路上阔步前行创设先决条件。实现民族文化的复兴,必须传承中华文化的优秀传统。现代的中国人,特别是年轻人,对传统文化十分感兴趣,蕴含感情。但当下也有人对具体典籍、历史事实不甚了解。比如,中国是书法大国,谈起书法,有些人或许只知道些书法大家如王羲之、柳公权等的名字,知道《兰亭集序》

是千古书法珍品,仅此而已。

　　再如,我们都知道中国是闻名于世的瓷器大国,中国的瓷器令西方人叹为观止,中国也因此获得了"瓷器之国"(英语 china 的另一义即为瓷器)的美誉。然而关于瓷器的由来、形制的演变、纹饰的演化、烧制等瓷器文化的内涵,就知之甚少了。中国还是武术大国,然而国人的武术知识,或许更多来源于一部部精彩的武侠影视作品,对于真正的武术文化,我们也难以窥其堂奥。我国还是崇尚玉文化的国度,我们的祖先发现了这种"温润而有光泽的美石",并赋予了这种冰冷的自然物鲜活的生命力和文化性格,如"君子当温润如玉",女子应"冰清玉洁""守身如玉";"玉有五德",即"仁""义""智""勇""洁";等等。今天,熟悉这些玉文化内涵的国人也为数不多了。

　　也许正有鉴于此,有忧于此,近年来,已有不少有志之士开始了复兴中国传统文化的努力之路,读经热开始风靡海峡两岸,不少孩童以至成人开始重拾经典,在故纸旧书中品味古人的智慧,发现古文化历久弥新的魅力。电视讲坛里一拨又一拨对古文化的讲述,也吸引着数以万计的人,重新审视古文化的价值。现在放在读者面前的这套"中国传统民俗文化"丛书,也是这一努力的又一体现。我们现在确实应注重研究成果的学术价值和应用价值,充分发挥其认识世界、传承文化、创新理论、资政育人的重要作用。

　　中国的传统文化内容博大,体系庞杂,该如何下手,如何呈现?这套丛书处理得可谓系统性强,别具匠心。编者分别按物质文化、制度文化、精神文化等方面来分门别类地进行组织编写,例如,在物质文化的层面,就有纺织与印染、中国古代酒具、中国古代农具、中国古代青铜器、中国古代钱币、中国古代木雕、中国古代建筑、中国古代砖瓦、中国古代玉器、中国古代陶器、中国古代漆器、中国古代桥梁等;在精神文化的层面,就有中国古代书法、中国古代绘画、中国古代音乐、中国古代艺术、中国古代篆刻、中国古代家训、中国古代戏曲、中国古代版画等;在制度文化的层面,就有中国古代科举、中国古代官制、中国古代教育、中国古代军队、中国古代法律等。

此外,在历史的发展长河中,中国各行各业还涌现出一大批杰出人物,至今闪耀着夺目的光辉,以启迪后人,示范来者。对此,这套丛书也给予了应有的重视,中国古代名将、中国古代名相、中国古代名帝、中国古代文人、中国古代高僧等,就是这方面的体现。

生活在 21 世纪的我们,或许对古人的生活颇感兴趣,他们的吃穿住用如何,如何过节,如何安排婚丧嫁娶,如何交通出行,孩子如何玩耍等,这些饶有兴趣的内容,这套"中国传统民俗文化"丛书都有所涉猎。如中国古代婚姻、中国古代丧葬、中国古代节日、中国古代民俗、中国古代礼仪、中国古代饮食、中国古代交通、中国古代家具、中国古代玩具等,这些书籍介绍的都是人们颇感兴趣、平时却无从知晓的内容。

在经济生活的层面,这套丛书安排了中国古代农业、中国古代经济、中国古代贸易、中国古代水利、中国古代赋税等内容,足以勾勒出古代人经济生活的主要内容,让今人得以窥见自己祖先的经济生活情状。

在物质遗存方面,这套丛书则选择了中国古镇、中国古代楼阁、中国古代寺庙、中国古代陵墓、中国古塔、中国古代战场、中国古村落、中国古代宫殿、中国古代城墙等内容。相信读罢这些书,喜欢中国古代物质遗存的读者,已经能掌握这一领域的大多数知识了。

除了上述内容外,其实还有很多难以归类却饶有兴趣的内容,如中国古代乞丐这样的社会史内容,也许有助于我们深入了解这些古代社会底层民众的真实生活情状,走出武侠小说家加诸他们身上的虚幻的丐帮色彩,还原他们的本来面目,加深我们对历史真实性的了解。继承和发扬中华民族几千年创造的优秀文化和民族精神是我们责无旁贷的历史责任。

不难看出,单就内容所涵盖的范围广度来说,有物质遗产,有非物质遗产,还有国粹。这套丛书无疑当得起"中国传统文化的百科全书"的美誉。这套丛书还邀约大批相关的专家、教授参与并指导了稿件的编写工作。应当指出的是，这套丛书在写作过程中，既钩稽、爬梳大量古代文化文献典籍，又参照近人与今人的研究成果，将宏观把握与微观考察相结合。在论述、阐释中，既注意重点突出，又着重于论证层次清晰，从多角度、多层面对文化现象与发展加以考察。这套丛书的出版，有助于我们走进古人的世界，了解他们的生活，去回望我们来时的路。学史使人明智，历史的回眸，有助于我们汲取古人的智慧，借历史的明灯，照亮未来的路，为我们中华民族的伟大崛起添砖加瓦。

是为序。

傅璇琮

2014 年 2 月 8 日

# 前 言

　　中华文明源远流长，光辉灿烂。在历史悠久的中国传统思想文化中，始终存在着两条主要的脉络。以孔孟思想为核心的儒家学说，是中国文化的正统；而以老庄思想为代表的道家学说，以及在其基础上产生的道教，则是中国文化的另一主干。儒道互补，再加上外来的佛教，构成了近两千年来中国传统文化中三教鼎立的基本格局。道家与道教作为三教之一，曾对中国古代社会政治制度、学术思想、宗教信仰、文学艺术、医药科技等各方面产生过重要的影响。正如鲁迅先生所说："中国的根柢全在道教。"

　　道士、道家与道教两者之间关系密切。早期的道家哲学关于道生万物、气化宇宙、天人合一的宇宙论；关于阴阳对立统一、相互转化的辩证思维；关于自然无为、清虚素朴的治国修身法则；以及其斋心静观、体道合真的神秘主义认识论，都对道教的教理教义和修持法术有着极为深远的影响。总而言之，道家的哲学理念、神仙家的养生方术、古代民间的巫术和鬼神崇拜活动，是为道教所吸收而构造其宗教神学、修炼方术和宗教仪式的三个主要来源。此外，儒家的神道设教思想和忠孝伦理，佛教的轮回报应观念、明心见性之说，墨家的均平思想和刻苦精神，以及阴阳家的占验术等等，也都为道教所吸收融摄。

　　纵观道教与道士发展的历史，及其教义信仰、修持方术、制度仪式，都具有浓厚的中国文化特点。道士的修持方术，主张性命双修，炼形养生与心性修养并重，巫术道法与科学技术混融不分，具有东方文化"神秘主义"的特性。道教的思想教义，融合自然法则与神圣法则、一元论宇宙观与多神信仰、出世精神与在世功德。符合中国哲学"天人合一"、内圣与外王相结合的传统。

我们编写此书，一方面是向读者还原中国古代道士的真实面貌，包括道士的住所——宫观、道士的实际生活、中国古代的著名道士，以及一些有趣的道教、道士传说故事。让读者充分了解道教的名胜古迹，了解中国古代道士的生活概况，了解道士神秘的修炼过程。

另一方面，我们希望通过这本书，能够让读者认识道士与道教所带来的巨大文化遗产。两千多年来，道士与道教对中国文化发生过全面而深刻的影响。道教的俗神崇拜活动与中国普通民众的日常生活和文化娱乐水乳交融，息息相关。道教的服药炼丹方术，对中国古代化学和药物学的发展有重要贡献。其行气、房中、存神、内丹等养生方术，则与中国传统医学和人体科学有密切关系。这些都是我们不应抛弃的传统文化，我们需要让中国的道教文化延续下去。

# 目录

# 第三章　道教与道士

# 第四章　古代道士的生活

## 第五章　古代道教名人与著名道士

# 中国道教源流

　　说到道士,自然而然会联系到道家与道教。正是在道家与道教的产生与发展过程中,逐渐从一个"百家争鸣"的学派演变成为一个宗教流派,凝结出无数富有哲理的理论,为日后的道士所信仰,成为他们的思想来源。

# 第一节
## 道教的产生与发展

 **道教溯源及初步发展**

　　道教可溯源于道家学派，产生于春秋战国时期，是当时"诸子百家"中的一个重要学派。春秋末年的老子，被公认为是道家学说的创始人。据《史记·老子韩非列传》等书记载，老子姓李名耳，字伯阳，又称老聃，楚国苦县（今河南鹿邑）人。他曾做过周王朝的柱下史，是管理王室藏书的小官吏，其年岁略长于孔子。春秋末年，天下战乱频繁，社会制度发生急剧变革。老子作为周朝官吏，亲眼目睹王室衰败，遂离周隐去。传说老子西游至函谷关，遇见关令尹喜，尹喜请为著书立说。老子遂著书上下两篇，5000 余字。因其书"言道德之意"，故后世称之为《道德经》，或称《老子》。

　　在老子之后，战国中期的庄子继承并发展了道家学说。庄子名周，宋国蒙泽（今河南商丘）人，曾做过地方小吏，家境贫寒，但是志趣高尚，傲视王侯。《史记·老子韩非列传》称庄子著书十余万言，其文汪洋自恣。现在我们所能够看到的《庄子》一书就是庄子及其后学思想的集体著作的代表作。

　　生活在先秦的道家学者，除了影响极大的老庄二位之外，还有战国时活动于齐国稷下学宫的田骈、慎到等人。《史记·孟子荀卿列传》说：田骈、慎到等人，"皆学黄老道德之术，因发明序其指意……各著书言治乱之事，以干世主"。所有这些观点都是为齐国统治者服务的政治理论。他们基于老子的因循自然的学说，然后吸收齐国管仲学派的法治思想，提出以法治国，主张"去知去己、无用圣贤"。也就是说在治理国家的时候不能按照自己的喜好来决定，而是按照法律来辨明是非，治理国家。不管是什么等级的人都应当遵守法律。

　　道教教义的另一主要来源是"神仙家"的信仰和方术。在春秋战国时期百家争鸣中，神仙家的地位也相当重要，最开始它是由燕齐沿海地区的某些方术之士创立的。据《史记·封禅书》记载：在齐威王、宣王之时（前356—前301年），齐国有驺衍等人宣扬"终始五德"的说法，而燕国方士则"为方仙道，形解销化，依于鬼神之事"。如宋毋忌、正伯侨、充尚、羡门高……他们宣称：渤海上有三座神山，即蓬莱、方丈和瀛洲，在这座山上的所有禽兽都是白色的，不仅有神仙，而且还有长生不老之药。凡人在没有到达这三座神山之前，远远看去就好像白色的云朵，等接近它们时，凡人就会感觉这三座神山都在水下，好像会被风吹去，最终也无法到达。这里所提到的"三神山"，不

庄子雕像

过是渤海中常见的海市蜃楼的景象罢了。但是，方士们却总是以此为理由鼓吹大家到海上去寻仙采药，只为能长生不老。那个时候的人，不仅是平民百姓，即使是齐威王、宣王和燕昭王也听信谣传，他们都派人寻找三神山和神药。在秦始皇建立秦朝之后，他也派人寻找神仙，但是并没有取得成功。这使秦始皇非常恼怒，以致发起"焚书坑儒"事件，很多方士都被杀掉了。

　　在汉朝初年，帝王南面之术和阴阳五行思想是黄老学的主流，但是神仙思想仍然存在。因为受到生活环境的影响，所以燕齐地区的神仙家一直很活跃。最初，在齐地兴盛的黄老学，将神仙思想纳入其中。在汉武帝的时候，为迎合武帝长生不老的想法，方士们更是以黄帝附会神仙学说，将神仙学与黄老学结合在一起。当时，凡是谈神仙的人都将其托名于黄帝，但是只有在汉武帝的独尊儒术之后，二者才真正结合。直到东汉桓帝时（147—167年），

黄老道才真正形成，而且真正在史籍中出现。《后汉书·王涣传》记载了延熹年间（158—167年），桓帝事黄老道，将诸房祀的事迹毁掉了。桓帝不仅公开承认黄老道，并且在一年中竟两次派宦官到苦县祀老子，而且还在濯龙宫内专祀黄帝与老子。东汉黄老道的流行，为张角成功地发动撼动东汉王朝统治的黄巾大起义提供了机会。事实上，在黄老学和方仙道的结合过程中，方士化的儒生起到了很大的作用，特别是今文学派的谶纬之学对黄老道的形成与流行起到了很大的推动作用。在那个时候，谶纬学说在东汉宫廷和上流社会中非常流行。

令人遗憾的是，此时的黄老道并没有形成系统的教义和宗教理论，而且宗教组织也较为松散，所以其只能被认为是道教的前身，不能真正被称为道教。

汉顺帝时，琅琊郡人宫崇向朝廷进献了一部多达170卷的《太平青领书》。据说这本书是他的师父于吉在曲阳泉水上所得的神书，内容主要是关于阴阳五行，但多巫观杂语。虽然东汉时期的皇帝都信奉黄老之道，但是并没有公开，而只是隐藏在宫廷中。由此我们可以推测，这本书可能内容荒诞离奇。

但朝廷并没有顺利隐藏此书，因为巨鹿人张角获得了《太平青领书》。在他读完这本书之后，真是喜出望外，他发现书中的很多宗教政治思想与他本人的想法相符。不久之后，张角就利用《太平经》，在东汉灵帝熹平年间（172—178年）创建了太平道，他被封为"大贤良师"。在太平道创立之后，张角开始大规模地收养徒弟，而且努力将他们培训成出色的传教士，其主要工作就是在社会中传播黄老之说。另外，在具体操作上，张角采用了世俗的做法，在犯错误之后就会跪拜认错，生病之后就用符水念咒。在这个过程中，真的有一个人通过这样的方法康复了，结果传到了大众的耳朵中。慢慢地，人们开始相信这一新生的教派。在乱世之中，张角"以善道教化天下"得到了人们的积极响应。随后的十几年中，教徒人数渐多，影响范围渐广。

与之前黄老道最大的区别是，张角将其徒弟组织起来，建置了三十六方，每个方都有一万多人，即使是小方也有六七千人，而且每方都有统帅。后来，这些被组织起来的教徒成为张角起义的主力。在起义中，张角所使用的口号是"苍天已死，黄天当立，岁在甲子，天下大吉"，而且在装扮上也与他们所信奉的黄老道有密切关系。

后来，黄巾起义惨遭镇压。随着张角病死，其弟阵亡，太平道从此群龙无首，势力已大不如从前。但是因为其教徒流散到不同的地方，所以太平道还是得到了一定的传播，后世民间秘密宗教——明教，将张角尊称为教主，所以他们应当是太平道的余绪。

当黄巾起义在各地进行的时候，沛人张陵悄然西向入蜀，而且在蜀中创立了正一盟威道，这也就是我们所熟知的五斗米道。

据《三国志·张鲁传》《后汉书·刘焉传》等记载，张陵于顺帝时（126—144年）入蜀，在鹤鸣山修道。事实上，张陵并不是独自修行，而是造作符书，向百姓传教。张陵在传道的时候要求凡是接受其道的人必须出五斗米。所以，官府将其称为"米贼"。张陵五斗米道的形成是在改造原始巫鬼教的基础上，以老子学说为掩饰，然后掺杂燕齐神仙思想。所以，五斗米道不仅有燕齐濒海地区神仙文化的内容，而且又包含西南少数民族的巫教成分，被称为集大成于一体。

五斗米道实行父子相传的制度，即张陵将其位传给儿子张衡，张衡又传其子张鲁。后世将其祖孙三人称为"三张"：张陵为天师，张衡为嗣师，张鲁为系师。或许因为这个原因，很多人将其称为"三师"。因为张陵在创道的时候，并没有形成五斗米道，所以史料中并没有对其事迹进行记载，只记载了其在入蜀后，隐居在鹤鸣山学道。而其儿子张衡在史书中也少有提及。其孙子张鲁则有较为清晰的记载。据当时的史书记载，张鲁好像是一位篡权

张陵在顺帝时创立了五斗米道

者，真正将五斗米道发展起来的是一位叫张修的人。也正因为这样，史书中经常将张鲁与张修混淆。

张鲁在汉中实行的政教合一制度，时期在东汉末年群雄据巴汉近30年，民夷便乐。直到建安二十年（215年），归降曹操。而这也代表着张鲁的政教合一政权结束了，但是随着其北上，五斗米道也传往北方中原地区，最后遍及全国。据记载，大书法家王羲之父子也曾是五斗米道的信徒。

道教发生于民间，而且还组织了起义，这直接威胁到了统治者。虽然这样的事情在东汉末年发生，但是对后来的统治者，特别是亲身经历过镇压黄巾起义的魏晋统治者来说，对道教组织有较为清晰的记忆。所以，从魏晋起，统治者对道教采取了两手政策：以限制或镇压为主，以改造和利用为辅。对于民间的活动采取限制与镇压；对那批加入道教组织的士族知识分子，已官方化了的道教采用改造与利用；对于那些较为顽固，隐居山林修道养性的士族知识分子道徒则是又打又拉，其主要的目的是使自己的统治合理合法。

## 道教的正式确立

五斗米道随张鲁归降曹操，张氏与曹氏联姻，因而也获得了有利的传播条件，并逐渐占据了原来太平道活动的地区。与官方合作了的五斗米道，抹去了出身低微的痕迹，因此改名换姓，称为天师道，并在兵荒马乱的三国时期获得了发展的良机。到西晋时，五斗米道就已流行于原来太平道活动的中心地区徐州琅琊郡，这里的一些士族大家开始信奉这个新的道教，如王氏、孙氏等世家，甚至还出现了一些道教世家，如琅琊王氏、兰陵萧氏、高平郗氏、清河崔氏、京兆韦氏。改变了出身后的天师道，从此成为统治层精神生活的重要组成部分。

北迁后的教民和祭酒们，在北方各地自发地开展了传教活动，这虽然对五斗米道的发展起到了非常积极的作用，但是，由于组织混乱和管理不善，在汉中曾经实行过的旧教规教戒这时作用已十分有限。而组织的迅速扩大，尤其是一些上层人士的加入，不可避免地使一些教民和祭酒腐化堕落。这种状况如不加以克服和纠正，会严重危及五斗米道的地位，甚至存在。

正在其时，永嘉之乱导致了南北分裂。但是政治上的分裂并没有影响到道教的发展与传播。甚至在兵荒马乱的时代，宗教反而获得了更多的发展机会：人们这时更需要有超自然的力量抚慰自己。在南北方的政权稳定后，道教也开始显示出它的力量。南北方都有人以道教为名起事。但是，由于南北方此时的政治背景不同，起事者的托言当然也就有所差别：北方的汉族不满少数民族的统治，所托之言为"老君治世"，显然带有强烈的民族情绪；南方是侨迁士族和土著士族之间在利益分配上产生矛盾。但不论如何，从东汉末年到东晋末期，在短短两百年的时间里，以道教名义组织的起事如此之多，迫使统治者不得不找出应对的良策。而道教徒中，也有人意识到与统治者为敌的危害，更不愿意看到自己所钟爱的教义为下层的流民所利用。因此，道教中的上层道士决定按照自己对教义的理解重新改造道教，其中产生深远影响的有两个人，一个是东晋的葛洪，另一个是北魏的寇谦之。

葛洪出生在道教世家，叔祖葛玄曾随从曹魏时期著名的术士左慈学道，在理论上也颇有建树，被后世的道教徒尊为葛仙公。葛洪秉性聪明，原本有治国平天下的政治抱负，但在仕途上却一直郁郁不得志。只得传其家学，秉承叔公之道，也就是说试图独善其身。不料，却在道教中有所成就，形成了一套有系统的神仙理论。

葛洪的思想主要记录在他的著作《抱朴子》内外篇中。葛洪可以说开内道外儒之先河：内道用以养生求仙，外儒用之兼济天下。将道教神仙学体系和儒家纲常名教紧密结合，充分体现了魏晋玄学家儒道互补的特色，当然也回答了当时门阀士族亟待解决的生命问题。葛洪不仅用理论丰富了当时较为贫乏的道教教义，使南方道教开始重视教理，更重要的是，葛洪所强调的修仙必须以遵守儒家伦常为先决条件，使得本来为草根文化的道教染上了一层儒雅精致的色彩，最终道教成为了符合统治者要求的宗教。

葛洪之后，刘宋时期的陶弘景对道教的影响最大。陶弘景生于刘宋孝建三年（456年）。幼好学，读书万余卷，以不知为耻。10岁时得葛洪《神仙传》，开始产生了修炼养生的想法。但直到南齐武帝永明十年（492年）时，陶弘景欲求县官一职不成，才决定辞去官职专心修行。陶弘景退隐到江苏句容境内的句曲山，也就是现在的茅山，自号为华阳隐居，这一年他只有37岁。修行多年后，陶氏声名大振，齐梁诸帝屡次请他出山，但都被他推辞了。陶弘景隐居茅山45年，于梁武帝大同二年（536年）去世，享年81岁。

陶弘景的学识十分渊博，一生著述甚丰，并不限于道教，还包括天文、历算、地理、兵学、医药学，乃至文学、艺术、经学等。他对道教的贡献主要有三方面：一是弘扬了上清经，开创了茅山宗；二是发展了道教的修炼理论；三是为道教建立了神仙谱系。

此后，南方道教仍在不断地改革，但走的都是葛洪所开创的路子。

北方天师道的大师名为寇谦之。寇谦之很早即信仰天师道，并修张鲁之术。经过多年的修炼，寇谦之在原有道教学说的基础上有所阐发，并认为原有的学说并不完善，需要加以改进和创新。不过，寇天师是一个很聪明的人，他显然知道仅凭自己是无法令人信服他的新说的。因此，他借登嵩山之际，声称曾见到太上老君。这当然不够，重要的是老君封他"天师之位"，并赐给他一部《云中音诵新科之诫》20卷。老君进一步启示他说：今运数应出，你要宣讲新科，清整道教。具体做法是，除去三张伪法、租米钱税及男女合气之术。因为大道清虚，应专以礼度为首，辅以服食闭炼。

显而易见，寇谦之清整改革道教的总纲，一是废除常规五斗米道的"伪法"，创建符合大道清虚的"新科"；二是新道教"专以礼度为首"，即采取儒家的礼教为道教的第一要义。可见，这次道教内部的改革，实际上是将道教儒化，目的是辅佐太平真君实现天下太平，维持统治秩序。其实说白了，寇谦之的道教改革，走的是组织整顿与清理的线路：戒律轨仪倒是完善了，但在教理上反而没有什么新的创见。但是，寇谦之在改革中革除了早期道教与国家争租税的弊端，这就为天师道进入国家秩序、为统治者所接纳和容忍提供了可能。

就在寇谦之在北方大搞改革活动之际，南方的天师道仍然是组织涣散，管理混乱。或许是受寇谦之改革的刺激，道士陆修静也开始着手对南方的天师道进行改革。不过，陆修静没有什么新招，同样是从整顿道教的组织形式入手，具体而言，就是健全了三会日制度。

早期，道教一般是利用三会日制，来强化道官与道民之间的统属关系。所谓三会日，就是规定在三会日这一天，所有道民都必须到本师的治所去参加宗教活动。活动的内容包括道民要向本师申报家口录籍，道官要向道民宣讲科戒，等等。但是，这种维护政教合一的重要制度，在三张之后逐渐被废止。陆修静深刻意识到这种状况对道教发展极为不利，故首先从恢复三会日入手，使道教组织得到重新加强，并强化道民的认同感。同时，陆修静又整顿了名籍混乱的状况，加强了宅录制，禁止道官自行拜署，并健全了道官按级晋升的制度。

在组织管理完善的同时，陆修静又依据灵宝斋法及上清斋法，制定道教斋仪，形成了一整套比较完整的斋醮规仪，使道教的斋醮仪式有一定的体系。陆道士最后的工作，也是他对道教贡献最大的工作，就是将道教经典进行了分类整理，按照"三洞"分类经书，编撰《三洞经书目录》。这是中国道教史上第一部道经目录，以后道经的编目都以三洞分类法为基本原则，再补充以"四辅"。

陆修静对南方道教的整顿工作小有成就，面貌焕然一新，后世通常把经陆修静改革后的南方道教称为南天师道。

南北朝时期的道教，继续在改革提高。基本上改造为官方宗教的道教，在教理教义上都有了明显的变化。这一时期，除了因为加入道教的士大夫多了，撰写道经的人手充足外，更重要的是有佛教的竞争抗衡，大量道经被撰写出来。葛洪时，曾在《抱朴子内篇·遐览》中做过一个统计，当时有道经670卷、符箓500余卷，合1200卷，但葛洪本人只看见过200多卷，葛洪之后相继产生《灵宝》《上清》两大系统的道经多部。因此刘宋时期，陆修静就依据这些经书编出《三洞经目录》，共计有1228卷。陆修静在做这一工作时，本来只是想模仿佛教《三藏》来编纂道经目录。不承想，在对道经做分类的同时，实际上也是做了初步工作，后人依据他的分类划分出三个大的学派，这一点倒是他始料未及的。

后人在评判南北朝道教时，常常认为南方道教注重义理，道教理论建设较多，与佛教也主要是理论之争，派系组织松散；北方道教重视轨仪，教派组织严密，与佛教主要是政治地位之争。然而，不论是南方道教还是北方道教，实际上都是经过改造的官方宗教，试图剔除道教中的草根性，完成了从民间宗教向官方宗教的转型，并在文化界形成了儒到、释、道三足鼎立之势。

## 道教的鼎盛与道、佛交融

隋王朝一统天下，结束了中国300余年的分局面。尽管隋王朝的统治时间不到40年（581—618年），但是其制定的政治、经济制度和思想文化政策大多被唐王朝采纳，奠定了唐朝空前繁荣的基础。从道教发展的历史来看，隋代道教是处于道教史上的一个转折，是唐以后道教的兴盛与理论大发展的基础。这种转折的形成，是统治者对扶持和利用及道教自身发展的结果。

其实，隋文帝杨坚早就与道教发生联系，在他夺取政权的过程中，一直与道士交往甚密，利用道教符谶为夺取政权大造舆论，为其统治地位的合理性做神学论证。例如，在北周时，道士张宾和焦子顺，都帮助周武帝兴道灭佛，而受到周武帝的青睐。在周武帝死后，杨坚起兵灭周时，他们即向杨坚密告受命之符，帮助他夺取北周政权。成功后，张宾受到提拔重用，成为其幕僚，后又做了"刺史"。焦子顺也不例外，以至军国大事都常常要同他商议定夺，还特别为他在皇宫附近建造"五通观"让其居住，并尊之为天师，恩遇之隆，于此可见一斑。

因为道士为杨坚夺取政权而效力，所以杨坚立国后对道教格外尊重。建国之初，不但重用焦子顺、张宾等道士，而且把开国年号命名为"开皇"。这

隋代道教是处于道教史上的一个转折点

个名称来自道教，具有道教神学的象征意义。文帝杨坚以开皇为其年号，其意所在是非常清楚的。继承杨坚皇位的是炀帝杨广（605—618年在位）。

当他还在做晋王时，就热衷于道教。《续高僧传》卷11《释吉藏传》说：开皇末年，炀帝置四道场，国司供给，释李两部各尽搜扬。对道士徐则甚为钦崇，向其请受道法，并企图依靠徐则帮他篡夺帝位。

炀帝对道教的金丹方药、长生成仙术十分迷恋。他"以天下承平日久，士马全盛，慨然慕秦皇、汉武之事"。为求长生不老，花费巨资，在皇宫内仿照传说中的仙山琼阁建造了西苑，设置了所谓的"神仙境"。在宫内建有供经像的"玄靖坛"，设有惠日、法云两个道场，通真、玉真两坛等。

从上可以看出，隋代统治者无论是文帝，还是炀帝，对道教都是扶植和利用

的。这种扶植除了出于政治上的需要，还是有一些信仰成分在内。

唐高祖李渊建立唐王朝后，大力提倡道教，并确认其与道教教主老子的血缘关系，以老子为其先祖。在武德元年（618 年）于羊角山修建老君庙，取名为伏唐观，将老子作为其宗祖立祠庙加以祠祀，又将羊角山改名为龙角山，正式确立了他们间的亲属关系。

李渊登基后，赏赐有功道士，努力提高道教地位，曾前后三次召集道、儒、释三教进行道、佛先后的辩论。在辩论无结果的情况下，李渊索性迳自表明自己的观点："道大佛小。"

此外，李渊还派使臣将道教天尊像送给高丽，派道士到高丽宣讲《老子》，把道教传播到了国外。

李世民登基之后，对道教更加优宠。在实际的治国政策上，他选择了采用《老子》"无为"的思想。这也是李世民崇道的一个特点。当时，经过南北朝几百年的动荡，隋末的战乱，社会元气大伤，战乱的破坏是惊人的。因此，李世民面临的一大政治问题就是：怎样才能使社会恢复元气，增强国力。他在魏征等人的辅佐下，吸取隋朝的经验教训，采取了以"清静"为主的政治方针。这个方针确实取得了成效，演成可与汉初"文景之治"相媲美、受到史家高度赞赏的"贞观之治"。

但对道教的尊崇后来从政治上的利用，逐渐变为热衷于道教的长生方术。他在其早年，对道教的长生成仙思想和方术表示怀疑。贞观元年（627 年）他对侍臣说："神仙之事本虚妄，空有其名……神仙不烦妄求也。"然而，到晚年时他却表现出对道教长生方术的极大兴趣，据清代赵翼《廿二史札记》，唐太宗就是因服丹药中毒而死。

高宗李治（650—683 年在位），嗣位之初，尊封老君为"太上玄元皇帝"，并立祠庙加以祠祀，首开唐王朝统治者给老君册封尊号的先河。又尊《老子》为上经，令王公百僚皆习，把《老子》规定为科举考试的内容。

在武则天执政之初，效法李唐崇老君之举，崇奉"先天太后"，并将先天太后和老君一起加以祀奉。

玄宗李隆基（712—756 年在位）统治期间，唐王朝的繁荣达到了鼎盛期。与此同时，由于玄宗的大力扶持，唐代道教的发展，也达到了顶峰。

玄宗尊崇道教，并采取以下措施：

第一，把"玄元皇帝"的地位抬高到无与伦比的地位。一再诏令天下诸州普遍建立玄元皇帝庙，建筑极其宏伟，并为之选配道士，赐赠庄园、奴婢等。唐玄宗本人又带头多次亲谒玄元皇帝庙祭祷礼拜，并不断提高对老子的封号。

第二，道士的社会地位被大大提高，尤其重视茅山宗和张天师一系。道士们在玄宗登上皇帝宝座的过程中，起了极其重要的作用，给予了玄宗有力的支持。从武则天末年到玄宗掌握皇权，宫廷中的政变迭起，许多道士在这些政变中，都扮演了重要角色，如道士叶法善、冯道力、刘承祖等。

第三，在科举考试中加入道教的内容。唐代中央学校有监、馆之分，监即国子监，下有国子学、太学等六学；馆有宏文馆和崇文馆。唐玄宗开元时新置崇玄馆，习学《老》《庄》《列》《文》，称为"道举"。

第四，规定以《道德经》为诸经之首，并亲自为之作注，颁示天下，并在宫中讲论。

第五，玄宗到其晚年，便迷上道教的神仙长生术，服药以求长生。玄宗早年对道教的长生神仙术是很排斥的，开元十三年，他还对臣下说"仙者凭虚之论，朕所不取"，并将集仙殿改名为集贤院。但是，到了开元后期，玄宗的思想发生了变化，逐渐对长生术产生了兴趣，开元二十二年（734年），召道士张果入宫，其人颇通神仙之术多次试以神仙方药之事，据说"玄宗方信之"。总之，据史料记载，为玄宗合药的道士很多，并且在皇宫里也设有炼丹场所。玄宗除自己服药外，还经常赐药物给他的兄弟、臣下。

第六，订立普天之下诸州均须遵守道教节日的制度。

第七，积极开展对道经的收集整理及传播。

第八，大力倡导斋醮和制作道教乐曲。

唐玄宗的这些举措和行为，使初、盛唐以来的奉道之风发展到极至，社会上的奉道之风也愈演愈烈。当时一些公主妃嫔，多有入道为女真者，杨贵妃亦被度为太真宫女道士。朝臣中如宰相李林甫等，皆请舍宅为观，或请为道士，太子宾客贺知章请为道士，著名诗人李白也加入了道教。仅长安城中的道观就达30所之多。王公大臣为迎合玄宗"尊道教"而"表贺无虚月"，道士升官晋爵者不乏其人，故时有"终南捷径"之讥。又由于统治者还积极向周边邻国和地区传播道教及其经典，因此，道教也在一些邻国有所流传。

统治者的重视，南、北方统一的地利条件，促使南北方道教的交流更为便利，南方的上清经法长途跋涉传到北方。而由上清派演变成的茅山宗，则在南方巩固了地位之后，也北上发展。当年给唐太宗预言的王远知，即是当时茅山宗的领军人物。他从南方来到北方进行传道活动的时间正值隋大业年间（605—618年）。王道士在北方所收的弟子中，有一位叫潘师正，而这位潘道士后来成为茅山宗在北方传教的重要人物。除了京畿之外，隋代时，汉中、巴蜀和江南都是道教的中心所在。

　　或许是这一时期的道教徒热衷于上层统治集团的政治斗争。同时，授道者必须自己先经历49年漫长的修行生活，方能传授弟子。据称这样才能达到仁爱清静的境界，取得长生不老的结果。传授道法前又要先授《五千文箓》，再授《三洞》，次授《洞玄箓》，最后授《上清箓》。给道徒要讲授《老子》《庄子》《灵宝》及《升玄》等，显然道教的入门门槛颇高，非一般百姓能够达到。因此，民间的道教活动逐渐衰落。

　　除了民间的道教活动衰落外，就在隋唐时期道教各流派融合的同时，也不免使得原来个性鲜明的各个道派逐渐在教理教义和宗教仪式上互相渗透，以至于后来难解难分。比如，在南北朝时曾一度十分兴盛的灵宝派，到隋唐时期却寂无声息，我们甚至都弄不清楚其间的传承关系了。话虽如此，这一时期的道派融合其实还是有主次之分的：茅山宗势压群雄，成为唐代道教的主流派别。之所以形成这样的局面，从内在因素说，主要是由于茅山宗兼收并蓄，吸收三教之长，融汇三洞经法，形成一个独立而严密的传承体系，人才辈出，茅山宗的组织发展得到了保障；从外在因素说，茅山宗的历代宗师大多具有较强的政治活动能力，他们的活动，保证了茅山宗一直能获得统治者的支持。如北方的嵩山、王屋山和南方的茅山、天台山等，之所以成为茅山宗传道的热点区域，都与玄宗朝的茅山宗师司马承祯的努力分不开。当然，这一时期道教的教理教义也有很大的发展，这得归功于南北朝以来一直持续到隋唐的三教论争。经常性的论争不仅锻炼了道徒们的思辩能力，更促使他们必须在理论上要有一套自己独到的见解，形成完善的体系。这个时期涌现的许多道教学者，如孙思邈、成玄英、王玄览、李荣、司马承祯、吴筠、李筌、张万福等，他们大都成为中国道教思想史上的重要人物。

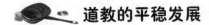
## 道教的平稳发展

安史之乱后，道教的发展受阻，道教经典也毁于战争，道教宫观福地遭受战争的破坏。幸好，唐统治者崇道尊祖的既定方针并未改变，中唐以后道教又逐步恢复，并在以灭佛获得恶名的唐武宗时（841—846 年）达到了高潮。不过，武宗在崇奉道教上并无太多的创见，基本上是照搬玄宗的。

由唐末藩镇割据发展而来的五代十国，其统治模式大体沿袭唐代，道教也得到了相应的重视。后晋高祖石敬瑭拜道士为师，问以治国之道，宣讲的《道德经》就是唐代的遗风。后唐庄宗李存勖，也模仿李唐，以玄元皇帝为圣祖，还利用圣祖旧殿本已枯死的桧树又发新枝事件，借题发挥，宣称这是昭显后唐实际上是承自李唐的正统，此事件是上天昭示后唐的"中兴之运"。当然，后周世宗、前蜀高祖、后蜀后主都在道教中发现了自己所需要的内容。不过，我们显然需要透过现象看本质，这些崇道的实质，不过是利用道教这面华丽的旗帜，为自己本不稳固的统治地位增加一点自信而已。

北宋统治者对待道教也无新招，只是北宋历代皇帝在崇道方面各有特色，而其中又以真宗和徽宗最为突出。

宋真宗的崇道可谓煞费苦心，他一时间找不出赵氏家族与道教神仙之间的关系，便干脆直接创造出关系：声称赵玄朗天尊是其始祖，这还不够，又上演了一出"天尊降临"的活剧，封这位新天尊为"圣祖上灵高道九天司命保生天尊大帝"，不惜用十六个字来赞美这位神仙。

道教符号

在道教的制度建设上，徽宗也是尽其所能：设立道学制度，亲自注解《道德经》；任用茅山道士刘混康，赐其"葆真观妙先生"之号；多次召见三十代天师张继先，赐号"虚靖先生"。因此，真宗和徽宗时期，可以说是道教发展的两个高峰期。

北宋时期的道派，以茅山宗为最

盛，传授世系也比较清楚，统计起来共有八位宗师。而其中的符箓道法获得了发展机会，特别是所谓的"五雷法"，呼风唤雨，十分神奇。显然，《水浒传》中公孙胜的道术应该属于此类。

道教的理论建设，则由诸多道教著名学者如陈抟、张伯端、张无梦、陈元等人负责。这一时期，确实出现了一些新的创造。比如，陈抟《易龙图》以象数解易，开创易学图书学派。其中，以图像和数字显示世界的发生及构成，并且发明了道器、体用等范畴，对宋代地理学影响深刻。自杜光庭总结汉以来的道教老学后，北宋道教学者解注《道德经》的人虽不算多，但影响却十分深远。像张无梦结合易老，以内丹为用，发扬道教修炼养身之旨。无梦的弟子陈景元注《道德经》二卷，以治身治国为老学之要，认为《道德经》以重玄为宗，自然为体，道德为用，哲学上继承了唐代重玄学派的观点，又做了政治上的发挥。

偏安的南宋朝廷，对道教的扶持也只能局限于南方一隅。这一时期茅山宗全面衰落。南宋一代，茅山宗共立十五代宗师，其中不乏以道术名世受到朝廷征召赐号的，但除了蒋宗瑛外，其他宗师无著作传世，在教义上自然无创新之处。

相反。张天师道却受到了南宋各帝的优宠，大修龙虎山上的上清宫，优礼历代的天师，宋理宗甚至还加封祖天师张陵为"三天扶教辅元大法师正一靖应显佑真君"。

入元以后，在统治者的扶持下，道教出现了兴盛的局面。这一兴盛局面主要表现在教团组织上的严密与新老道派合流两个方面。因此，北方形成了全真道，南方形成了正一道的分布格局。

南宋末年，张天师道与元室攀上了关系。元世祖忽必烈在灭南宋之前，曾效法成吉思汗对丘处机的礼聘，曾遣密使入龙虎山，据称是向三十五代天师张可大密求符命，而张可大也如王远知对待唐太宗的故事，声称元室二十年当统一天下。正是由于这样的机缘，南宋灭亡后，忽必烈于至元十三年（1276年）召见可大之子第三十六代天师张宗演，命其主领江南道教，并赐银印。第二年（1277年），世宗再赐宗演为"演道灵应冲和真人"，给二品银印，命主掌江南道教事务。此后，历代正一天师皆被元室封为"真人"。

元世祖对张宗演的两次接见，具有划时代的意义，使天师获得了不同寻常的头衔和职务。在此之前，张陵后人虽自命天师，民间也如此称呼，但从未得到官方认可，宋代皇帝也仅仅赐以"先生"号。只有到了忽必烈时，才在其《制》文中大方地称宗演为"嗣汉三十六代天师"，表明了官方的态度，正式承认了"天师"的头衔。这一头衔直到后来明太祖即位后，才被取消。

元中期以后，张天师道将江南大多数道教统一起来，组成了一个大的道派——正一道，结束了由全真、正一两大道派各据一方的分布格局。从此，张天师道便与全真道分治南北，成为道教诸派中发展最盛、势力范围仅次于全真道的大派别，甚至全真道在江南也受其领辖。江南道教各派宫观的赐额、道官、道职的任命，道官封号的赐予等，理论上都必须经过张天师的首肯和转达。

明太祖朱元璋夺取政权后，首先制定了以儒教为主、三教并用的政策。他也利用了道教来证明自己的君权神授，而这一过程当然需要道教人士的积极配合。因此，对势力强大的正一道，明太祖是优礼有加。他的儿子成祖朱棣，也从父亲那里继承了这一套，继续尊崇正一道，尤其是据称在他从侄子建文帝那里夺取帝位时，曾得到真武神的协助。即位后，成祖不忘报恩，在武当山大建宫观，祭祀真武。

后来的明代皇帝，无一例外地崇道。其中世宗尤甚。世宗显然是一位道教文学的爱好者，他尤其喜爱道教斋醮时臣下所奏的青词，如果有人青词做得好，甚至可以青云直上，据说臭名昭著的严嵩就是以青词起家，最终进入内阁的。

与元代一样，明王朝对道教的管理也十分严格，建立起了完善的管理机构。最早的道教机构是明洪武元年（1368 年）所创立的玄教院，到了洪武十五年（1382 年）又改而设置了道录司，掌理天下道教事宜。道录司内设有左右正一、演法、至灵、玄义等官各两人，其中正一官品最高，是为正六品，由此也显示出明王室对正一道的器重。在地方上，则设立道纪司、道正司、道会司来管理道教事务与散落在民间的道士，以防止他们给社会带来危害。根据要求，这些机构的官员都是一些道行高洁、精通经戒的道士，工作内容是负责检查约束道士们的行为，核实道观和道士的数量，审核道士申请度牒（道士身份证）等。

明王朝表面上对各个道教派别一视同仁，但实际上正一道最受重视，政治地位高于北方教派的全真道。理由是明太祖朱元璋认为全真道修身养性，独善其身，而正一道益人伦，厚风俗，在稳定社会方面功效卓著。但事实是，朱氏起家于江南，是正一道的传统区域，而第四十二代天师张正常，也曾有预告朱元璋"天运有归"的符命的故事。这些应该都是朱明王朝推崇正一的理由。明王朝一直是正一道比较兴盛，而从第四十二代张天师起，开始掌管天下道教事。第四十三代天师张宇初尤其受到优待，不仅被授予"正一嗣教道合无为阐祖光范真人"的称号，还让他编修道教书。不过，张宇初在历代的张天师中，算得上是博学能文的，著述不少。他撰写的《道门十规》，针对当时道教内部的积弊，提出一系列的清整方法。他写的另一本书《岘泉集》，则是一本理论著作，主要讲述天人之学以及老子之学与内丹道的关系，将内丹与符箓统一起来。其理论素养与管理能力较高。

此后虽然历代天师都受到明室尊崇封赐，领天下道教事宜，地位甚高，正一派中也出现一些学术素养较高的道士，像刘渊然、邵元节、陶仲文等，但明中叶以后正一道内的大多数道士素质不高，在教理教制上无所建树，因此很难得到统治者真正的宠遇，社会地位逐渐衰落，影响力不如以前，组织也渐陷入涣散。

## 道教的萎靡

明世宗逝世后，即位的是他的儿子，是为穆宗。他即位后，在臣僚徐阶的辅助下，鉴于其父崇道过滥的教训，对道教采取了抑制政策。

《明穆宗实录》卷七载：隆庆二年（1568 年）正月，"诏革正一真人名号，夺其印……止以裔孙张国祥为上清观提点，铸给提点印"。这样的情况持续约十年，到神宗即位后，道教处境略有改变，有所好转。万历五年（1577 年）三月，张国祥请求复正一真人印号，"得旨：国祥伊祖封号，传自累代，祖宗亦相因不革，还准承袭，给予印信"。而据《明史》卷 219 载，虽说神宗允许恢复张国祥正一大真人封号，但不允其朝觐。

后来，又有一些变化，就是令张国祥仍旧三年一朝觐，但仍不许议朝会。至明熹宗、思宗时，明统治进入其末期，民族矛盾、阶级矛盾异常尖锐，统治者根本无暇顾及道教政策的实施，故此时道教与明皇室的关系不甚紧密。

由上可见，明后期皇室与道教的关系并不是那么融洽，即使是神宗，对张国祥的态度也是恩威并重。在这样的情形之下，道教处境艰难，发展受阻。

公元1644年，爱新觉罗·福临进入北京，即皇帝位，立国号大清，以顺治纪年，从此全国的统治握于清王朝之手。从宗教信仰上说，清统治者信仰的是萨满教，入关后又接受了佛教，对道教的信仰缺乏。但是，全国的人口绝大多数是汉族，要实现对全国的成功统治，对于中原的本土宗教——道教，就不能不过问。清统治者对于利用道教作为其统治的辅助工具这一点，认识是相当清楚的，因而对道教采取了在严格防范和限制之下再加以利用的政策。以此思想为指导，清王朝逐渐形成了一条利用、限制，且限制不断加强的政策。一般地说，在最初三朝，抑制稍轻，乾嘉以后，抑制加强，直至清灭亡。

清初顺治（1644—1661年在位）皇帝、康熙（1662—1722年在位）皇帝、雍正（1723—1735年在位）皇帝，为了收拢人心，对道教尚沿明例加以保护。

康熙对道教有一个总的看法。他说："道法自然，为天地根，老氏之学，

道教宫观

能养其真。流而成弊，刑名放荡，长生久视，语益惝恍。况神仙之杳渺，气历劫而难聚，纵白日兮飞升，于世道乎奚补？慨秦汉之往事，求方药而何愚！用清净而获效，宁化美于皇初，养身寿人，儒者有道，保合太和，何取黄老？"基于这样的认识，道教自然不会兴盛。

康熙在位60余年间，对道教没有多大支持，仅对正一首领循例予以封赐。

雍正对佛教禅宗笃信，从三教一体的角度来看待儒、释、道三教，倡导三教合一。雍正可以说是对道教比较重视的一位皇帝。雍正九年（1731年），谕："域中有三教，曰儒、曰释、曰道。儒教本乎圣人，为生民立命，乃治世之大经大法。而释氏之明心见性，道家之炼气凝神，亦于吾儒存心养气之旨不悖。且其教皆主于劝人为善，戒人为恶，亦有补于治化。道家所用经箓符章，能祈晴祷雨，治病驱邪，其济人利物之功验，人所共知。"雍正十一年（1733年），又谕："三教初无异旨，无非欲人同归于善……三教虽各具治心、治身、治世之道，然各有所专，其各有所长，各有不及处，亦显而易见，实缺一不可者。"雍正帝看重三教"劝人为善，戒人为恶"的伦理教化作用，认为对维护其统治有很多好处，因而他对佛、道两教持保护态度，对于过分打击两教的做法表示反对，他说："数年来，有请严禁私自剃度者，有请将寺观改为书院者，有县令无故毁庙逐僧者，甚至有僧尼悉行配合夫妇，可广增人丁者。"认为这都是"悖理妄言，惑乱国家"的行径，决不能实行。并提出，对于佛、道二教"其中有违理犯科者，朝廷原有惩创之条；而其精修苦行、精戒有宗者，则为之护持……凡有地方责任之文武大员，当诚是朕旨，加意护持出家修行人，以成大公同善之治。特谕！"雍正帝还对道教的治世作用亦给予肯定，在为龙虎山上清宫作的《太上清宫碑文》中说：张陵所传之教，"以忠孝为道法之宗，自东汉迄今千五百年，法裔相仍，克修绪业，效忠阐教，捍患除灾。盖其精诚所感，实足以通贯幽明，知鬼神之情状。故能常垂宇宙，裨益圣功，福国济人，功验昭著"。如此一来，雍正崇封张陵后嗣，第五十五代天师被授予光禄大夫，而且又给予龙虎山道士娄近垣非常好的待遇。总之，雍正可谓清代最为崇信道教的一位皇帝了。

从以上所述顺治、康熙、雍正三朝的情况看，清廷对道教首领仍给予相当的礼遇，尽管对道教的防范和限制始终较严，但道教在清初三朝的处境还算过得去。然而，到乾隆（1736—1795在位）即位后，宣布藏传佛教为国教，道教为汉人的宗教；对道教首领不断贬降并限制道教活动，道教处境艰难。据《清朝续文献通考》卷89记载，乾隆四年（1739年），敕令："嗣后真人差委法员往各省开坛传度，一概永行禁止。如有法员潜往各省考选道士，受箓传徒者，一经发觉，将法员治罪，该真人一并论处。"禁止正一道到其他省区传度道士。乾隆五年（1740年），敕礼部定议：嗣后正一真人不许入朝臣班行，停朝觐筵宴例。乾隆十二年（1747年），又对前代封典进行检讨，认为逾分，乾隆覆准："张氏真人名号，非朝官卿尹之称，存其旧名，正所以别其流品。前因无案可稽，两遇覃恩，加至光禄大夫，封及三代，邀荣逾分，理应更正，嗣后不许援引假借题给封典。"不久，即下令将正一真人品秩由二品直接降为五品。

乾隆三十一年（1766年），据《癸巳存稿》和《补天师世家》载，第五十七代天师张存义入觐，因其祈雨有功，晋升为正三品。但仍低于前朝。乾隆五十四年（1789年），敕令"正一真人，嗣后著五年一次来京"。开始限制其朝觐次数。另外，据《清朝野史大观》卷11载，原本由道士充任的太常寺乐官，也被乾隆帝下令改由儒士担任。

乾隆后的嘉庆、道光年间，正一天师的地位更日渐下降。嘉庆九年（1804年），换给三品印。二十四年（1819年），仍定为五品。道光元年（1821年），敕令正一真人，停止朝觐，不准来京。至此，正一道首领与清统治者的关系基本断绝，再无任何特权可言。同年，对龙虎山道官的选拔、管理作出更加严厉的规定。《清朝续文献通考》卷89载："龙虎山上清宫设提点一员，正六品；提举一员，从六品；副理二员、赞教四员，均七品；知事十八员，未入流。缺由正一真人于本山道众内选补，出具考语，报部补放给札。每届年终，造各法官及道众年貌籍贯清册，报该抚（按：指江西巡抚）咨部查核。如有私钤执照发给法官，及用空白札付向各省考选道士，并容士民投充挂名等事，该法官及投充之人，从重治罪。仍将正一真人职名咨送吏部议处。"可见，清朝政府对道教的限制逐渐加强。

我们知道，在中国封建社会，一个宗教的兴衰，往往与封建统治者的支持与否是有着极大关系的，当然，这也并不是说没有宗教自身的原因，只不过在皇权统治占绝对优势的中国封建社会，统治者的支持与否在主宰一个宗教的盛衰这一点，表现得特别突出。从上所述，我们已经看到，从明中叶后至清嘉庆、道光年间，统治者对道教的态度虽各代具体情况略有不同，但总体上都是抑制多于支持，且越来越严厉。统治阶级的这种态度使得道教的处境更加艰难，道教的衰落不可避免地出现了。道教的衰落主要表现在以下几个方面：

第一，在组织上，教团发展日渐衰弱。从元代末期道教形成正一和全真两大派，正一道的各支派有许多都逐渐没有传承，比较活跃的龙虎、茅山宗，以及清微、神霄、净明、武当等派也多是今不如昔，宫观破败，道徒减少。全真道经过明代的沉寂，到清初，只有龙门派有一定发展，其他支派则是衰落不堪。

第二，在理论上，教理教义发展停滞，几乎没有创新。南宋金元时期，诸多新道派的创立和旧道派的改革，道教的理论和教义达到一个新的水平。但是，入明以后，特别是明中叶以来，随着封建社会步入没落期，道教在理论教义上也失去了创新活力，自此停滞不前。虽说在内丹丹法上有所发展，内丹著述增多，但很少有新意及一定理论特色的道书。

第三，在社会上，影响力减弱。没有什么对上层社会有影响的高道出现，对社会政治几乎没有影响力可言，以前那种不少道士参与国家大政的情况几乎没有出现。

 知识链接

## 戊 日

戊日是道教的重要忌日，道教称作"戊不朝真"。对于这个忌日的源流始末，现在已难考证，其法是以干支纪日，逢六戊日，即戊子、戊寅、戊辰、戊午、戊申、戊戌，关闭殿堂，不上香，不诵经，殿堂门上悬挂戊字牌。此六戊为"明戊"。另有所谓"暗戊"，如四月的寅日、八月的申日等，精熟此道者亦为忌日。

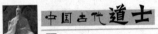

# 第二节
# 道教的流派

## 东汉末年的太平道

　　道教形成于东汉顺帝之后，是当时社会上流行的黄老之学与神仙方术、鬼神迷信相结合的产物。东汉道教组织最初兴起于民间，主要有东方的太平道和西南地区的五斗米道两大教团。

　　据《后汉书·襄楷传》记载，东汉顺帝时（126—144 年），有个山东琅琊人宫崇来到京师洛阳，向朝廷献上一部"神书"。据说此书乃宫崇之师于吉在曲阳泉水上所得，有 170 卷，号称《太平青领书》。其内容主要讲奉天地，顺五行，澄清大乱，使天下太平的政治理想；亦有兴国广嗣，养生成仙之术，而多巫觋杂语，是一部反映汉代巫师术士思想的著作。这部神书被朝廷视为荒诞不经的东西，因此没有被传播开来。汉桓帝时，平原人襄楷再次来京师进献此书，仍未受到重视。直至汉灵帝即位后，认为襄楷之书不错，这部神书才得到统治者承认，同时也在民间传播开来。

　　上面所说的这部神书，就是早期道教奉持的重要经典《太平经》。它的内容非常庞杂，但主要是讲怎样"去乱世，致太平"。书中假托神人降世，提出许多改良政治、挽救社会危机的主张。例如，统治者应该先以仁义道德治国，不得已时再施用刑罚；皇帝要重用贤良，疏远奸险小人，制定政策时应听取老百姓的意见；反对官府横征暴敛，富人聚积财富，主张人人自食其力，有了钱财应该救穷周急等。这些内容有其进步意义。作为一部宗教神秘著作，

《太平经》书中还有许多关于养生成仙，使皇帝多有子嗣的方术，以及用符咒治病的巫术。

东汉末年，外戚、宦官专权，豪强兼并土地，农民流离失所，社会危机严重。这时巨鹿人张角便利用《太平经》传播道教，组织民众反抗汉朝的统治。汉灵帝熹平、光和年间（172—184年），张角自称"大贤良师"，奉事黄老道，畜养弟子。他以符水咒说之术为人疗病，病者颇愈，百姓因而信之。张角分遣弟子八人出使四方，以"善道"教化天下，十余年间，信徒多至数十万。青、徐、幽、冀、荆、扬、兖、豫，八州之人，莫不响应。张角依军事形式组织教徒，设置三十六"方"（即地方教团），大方万余人，小方六七千，各立渠帅统领其事。

张角建立的教团被称作"太

道教想像图

平道"。据《后汉书》和《三国志》记载："太平道者，师持九节杖，为符祝，教人叩头思过，因以符水饮之。得病或日浅而愈者，则云此人信道；其或不愈，则云此人不信道。"可见太平道主要利用民间流行的巫术治病方法传教。信徒向神灵跪拜叩头，忏悔罪过，然后饮用符水（在纸上画符，焚烧后把纸灰投入清水），念诵咒语，以消灾除病。太平道还信奉"中黄太乙"为最高神，以实现"黄天太平"为纲领。张角宣称："苍天已死，黄天当立，岁在甲子，天下大吉。"意思是汉朝政权（苍天）就要灭亡，代替汉朝的新政权（黄天）即将建立，到甲子年天下就会太平。这是推翻汉朝统治的战斗口号。

汉灵帝中平元年（184年，甲子年），张角派遣大方马元义往来京师，结交宦官封谞、徐奉为内应，约定于三月十五日内外同时起义。但还没出现此事，因叛徒唐周向朝廷告密，灵帝派大将军何进逮捕马元义，车裂于洛阳，同时诛杀在京教徒千余人，又下令冀州地方官追捕张角。张角得知事情败露，乃星夜驰令三十六方部帅，同时发动起义。起义者皆头戴黄巾以为标志，故史称"黄巾起义"。张角自称"天公将军"，其弟张宝称"地公将军"、张梁称"人公将军"。黄巾军在各地烧官府，攻占州郡，声势浩大。官军望风披靡，长吏多逃亡。旬月之间，天下响应，京师震动。东汉王朝立即派遣卢植、皇甫嵩、朱俊等率领大军前往镇压。经过十余个月激战，张角病死，张宝、张梁阵亡，其余各地的黄巾部帅也或被斩或被俘，起义军遭到残酷镇压。太平道的教团组织，后来逐渐消失。

黄巾起义是利用道教组织发动的第一次大规模农民起义，也是标志道教开始登上历史舞台的一件大事。这次起义虽因统治者重兵围剿而失败，但东汉王朝也因此而名存实亡。在镇压黄巾起义中实力膨胀起来的一些军阀集团，如董卓、袁绍、曹操、孙权、刘备等，经过十多年的混战，最终形成了魏、蜀、吴三国鼎立局面。

## 汉魏之际的五斗米道

比太平道稍后成立的五斗米道，其创立者是生于沛国丰（今江苏省丰县）的张陵。通常认为五斗米道是最初的道教教团，所以他被视为道教祖师。

自称张陵五十代孙的张国祥于公元1607年收集出版了《汉天师世家》（《续道藏》所收）一书。该书收集了五斗米道（后改为天师道、正一教）自第一代至第四十九代历代教主的传记。该书宣称张陵是张良的第九代孙，但其他传记中未提及此事，或许为后世虚构，或许仅是传说。之所以将两者联系起来，一定是传说张良晚年修习过神仙术的缘故。

　　张陵的详细生平，在《神仙传》（卷四）里有记载。据说张陵曾入太学，博通五经。晚年叹曰："此无益于年命，遂学长生之道。得黄帝九鼎丹法，欲为之。用药皆糜费钱帛。陵家索箭欲治生，营田牧畜，非己所长，乃不就。"后来他听说四川人纯朴，易教化，加之四川有许多名山，于是率弟子来到四川鹄（鹤）鸣山住下，著道书24篇，精思练志。一天，忽有自称柱下史和东海小童等许多神仙下凡，授张陵《新出正一盟威之道》。似乎自此能有效地治病，许多人前往师事于他，不久弟子多达数万，于是立祭酒以领道民。同时规定凡入道者需缴纳米、绢、器物、纸、笔、樵薪等物，令其从事筑路等劳动，劳动中偷懒，则使其生病。令求医者书过去所犯罪过，投入水中，对天盟誓绝不重犯，因而人们不再重复以前罪行。

　　据说，张陵获得许多财物。能买药材烧炼金丹。金丹炼成后自己服半剂便能使用多种仙术并作预言。后同高足弟子王长、赵升白日飞升。

　　《魏志·张鲁传》和《后汉书·刘焉传》中记载，张陵去四川鹄鸣山修道，作道书蛊惑人心，每个弟子交五斗米，故人称米贼。对此稍作敷衍的是《蜀记》，该书曾被佛教方面的《二教论》和《笑道论》引用批判、攻击道教。《蜀记》的内容简单归纳如下：张陵患疟疾在丘社——或许是一种"社"，但不详——治疗，得咒鬼法。于顺帝或桓帝时去四川，在鹄鸣山著符书以蛊惑人心，凡入道者需要纳五斗米，故人称米贼。还需交纳米、肉、绢、器物、纸笔等。于灵帝熹平年末被大蛇所吞。其子衡慌忙寻找尸体，未果。衡知真情后怕世人唾骂，于是心生一计，事先将鹤偷偷系于人迹罕至的崖顶上。对人夸耀说有灵化的痕迹，诡称陵将于178年年正月初七升天。据说，当天在众目睽睽下解开鹤足放飞，从此陵越发受人尊敬。

　　张陵的生平和五斗米道初期的状况不很清楚，但五斗米道的教义和组织通过其子张衡、其孙张鲁继承下来，并由张鲁大体完成。

　　张衡的生平未必比张陵清楚。《魏志·张鲁传》注引《典略》有如下记载：光和年间（178—183年）有个张修在汉中宣传五斗米道，该教义与太平道大体相似。将病人引入静室，令"处其中思过。请祷之法，书病人姓名，说服罪之意，作三通"。一分置于山上，献给天神，一分埋于地下，献给地神，一分沉入水中，献给水神。天、地、水诸神称三官，故称三官手书。这与太平道不同。向每个病人索取五斗米，故称五斗米道。其实此种方法对治病毫无益处，尽管如此，愚蠢的人们仍相信他而纷纷前往。张修设祭酒、奸令、鬼吏等官职。祭酒专管信徒学习《道德经》，奸令等专管用咒术治病，该教义传给张鲁。以上是《典略》的记载。这里说的张修通常认为是张衡之误。但是，不知为何，在《汉天师世家》等后世有关道教的书籍中几乎未提到张修或张衡，因此《典略》中记载的张修（衡）的事迹到底有几分真实性，颇值得怀疑，未出现张陵的名字就是一例。我们猜测上述行为也许由张陵或张鲁所为，但很难提供证据。

五斗米道的教义同太平道非常相似，这是事实，但因此就认为两者之间有联系又未免太轻率。大体处于同一时代背景之中，有类似的倾向是不足为奇的。

张鲁的生平最清楚。据《魏志·张鲁传》记载，张鲁似乎很有政治手腕和组织才能。张鲁字公祺，被当时威震益州的群雄之一刘焉启用，任督义司马。其母与刘焉过从甚密，助他登上政治舞台。张鲁后来逐渐发展势力，刘焉死后不再跟随其子，结果张母一族受到满门抄斩。张鲁以此为借口在汉中自立，利用五斗米道的组织，建立以汉中为中心的多少具有政教合一性质的统治体制，类似王侯的权势。当时后汉已濒临灭亡，各地群雄纷纷崛起。张鲁的势力与群雄不相上下，尤其可与蜀刘备、吴孙权比肩，受世人注目。著名的诸葛孔明向刘备解说"天下三分计"时，高度评价了张鲁的势力，孙权也强调打倒张鲁。因此，后汉统治者不得不承认他的势力，采取怀柔政策，任命他为地方官。后来地里出现玉印，许多人建议他称汉宁王，他并没有采纳众人的意见，可见他不相信伪书思想。

张鲁以政教合一的政权大约维持了30年之久。215年被曹魏讨伐，最后降于曹操。当时他将存放宝物的仓库打上封印，留作国家财产，两袖空空而去。为此曹操对其人品大加赞赏，命他为镇南将军，对其五子以列侯相待，招张鲁之女为儿媳。

五斗米道在张鲁时代已经确立。张鲁自称师君，初学道者称鬼卒，道徒中的骨干称祭酒。祭酒发展了许多信徒，时谓之大祭酒或治头。这一组织和官职到底是张修时代的产物，由张鲁再度确认，还是张鲁本人提出的，就不得而知了。从《魏志·张鲁传》来看，似是张鲁本人实行的。总之，这一组织已在张鲁时代确立。五斗米道在各地设道场或教会，作为五斗米道的中心，称为治，共二十四治。后来与二十八宿合并增加到二十八治，其中心是阳平治。换言之，即总本山。张鲁似住阳平治，后来教主所持的印刻有"阳平治都功印"的字样。

祭酒们在交通要道建义舍，即免费住的地方。义舍中备有米、肉供旅客免费食用。可以说义舍起了小教堂的作用。据说祭酒们在教团中起教师作用，在政治组织上起地方官作用，由此肯定张鲁的统治组织是货真价实的教团组织。

据说张鲁时代的五斗米道教义，其信条是"诚实""不欺骗他人"。因此，《典略》记载张修时代的三官手书此时已制度化。还禁止在春夏两季杀生、饮酒，这可理解为戒律。据说住义舍的旅客若食用过量，鬼能使其生病，这也许是吸收了司过神的信仰。三官信仰无疑是受西藏的影响。还规定在春分、秋分时节祭社和灶。最重要的是传说张鲁作了《老子想尔注》一书，该书可看作是《道德经》的注释书。《老子想尔注》的中心思想是告诫信徒保持生活规范。表面上未出现老子，对祭祀、祈福、房中术统统加以否定，也没有神仙思想，因此，有人认为张鲁讨代的五斗米道采取了相当科学的态度。该书未出现老子和神仙思想也情有可原，不过后来遭到佛教方面猛烈攻击的房中术亦被该书否定却令人不解。五斗米道要求信徒读的《道德经》也许就是《老子想尔注》。

总之，在张鲁时代，五斗米道的组织和体制已经很完备，成为非常出色的宗教团体。张鲁称其祖父陵为天师、父衡为嗣师、自己为系师，因此人称三张，称五斗米道为三张之法。又因张陵称天师，后人便称该系统为天师道。收集五斗米道历代教主传记的书所以题名《汉天师世家》，其原因也在于此。

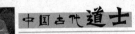

### 完颜金时期的太一教

太一教的成立是在金天眷年间（1138—1140年）由道士萧抱珍在河南汲县创立的道教教团（《元史》卷202）。在与此大致同时成立的三个教团中，太一教成立最早，但对其祖师的生平，仅知名元升，号一悟真人（还是元宪宗追赠的），该派道教教团是以神仙传授的太一三元法箓为本而创立的。对其法箓仅知太一三元之名，具体内容不详，有待今后研究，不过似乎太一是天神，三元或许是与天、地、水三官有关的上、中、下三元，由此看来，似乎崇尚与其有关的诸神。所谓法箓，在这种情况下就是符箓，可知该教团有同旧道教类似之处。

太一教重视符箓，其证据是太一教祖师给因妊娠而痛苦的妇女吞符箓以减轻痛苦，用符箓符水治病、驱蝗害、除"附体妖怪"、念咒止大雨等。据说，教团内还设有掌管符箓和药物的役职，人们赞颂太一教用符箓济世利民。由此可见，用符箓治病和救灾好像是太一教主旨。

另一方面，对金丹、尸解等又只字未提；导引、房中术等养生说也未涉

道教建筑

及，加之崇尚中道，禁止饮酒、食鱼肉五辛之类，还禁止娶妻，因而肯定有这方面的戒律。当时的儒家说："太一教法，专以笃人伦、翊世教为本。"因此，或许应当说太一教多半是实践性教团。太一教同真大道、全真等教团一样。是以拯救当时的人们和社会为目标的实践性教团，然而作为实践的手段又与其余两教团不同，可以说，太一教选择了过去的道教重视符箓所具有的咒力这一方法。总之，该教团在排斥咒术方面不及其余两教团，但是太一教又不同于以往教团。另外，太一教的第四祖把平民死后没有后人埋葬的许多尸体归在一起埋葬，修成大冢，称为堆金冢，这从一个侧面清楚地表明太一教的目的是拯救劳苦大众。

此外，太一教规定继法嗣的道士皆改姓萧，即以祖师之姓为姓，这是祖师规定的制度，不过也许是模仿结社组织的一种形式，其他教团则无此规定。

也许由于这一特点和内容能同人们产生共鸣，据说祖师刚刚宣布开教后，很快就有许多人前往要求充当他的弟子，因此活动场所显得太窄，不能充分举行宗教仪式，于是在汲县以东的三清院遗址上重修了该派的庵堂，似取名为太一堂。天眷年间正是南宋同金议和遭到破坏、各地继续进行战争、岳飞特别活跃的时期，正因为如此，遭受战乱痛苦的人们便纷纷前往求救于萧抱珍，因此教团势力得到迅速发展，以至在一两年内，山东的真定、赵州等地通过教徒之手修建了太一堂。

皇统和议后过了数年，太一教祖师的名字传到了金熙宗的耳里，熙宗下旨，召请太一教教祖为皇室治病，病愈，又驱除了"附体的邪魔"，于是皇上为汲县太一堂下赐敕名额"太一万寿宫"，赐予萧抱珍一悟真人号似乎也是在这个时期。三教团中最早同金皇室联系起来的就是太一教。在女真人看来，道士们举行的斋醮同他们信仰的巫师的做法相似，因而容易被接受，正因如此，他们很容易地接受了道教。由于这一有利条件，太一教的祖师受到了金熙宗的信任。大定六年（1166年）萧抱珍逝世。

第二祖是萧道熙（本姓韩），他继承教主之位时年仅10岁，还是一个少年。尽管如此，传说他在第一次讲法时，听众就为其学识所倾倒。世宗知道他的事迹后。十分佩服，于大定九年（1169年）向万寿宫下赐敕名额，因而教团势力进一步发展，在河南、山东一带拥有许多信徒。第二祖在汲县建朝元观作为祭奠祖师的道场，后被世宗召至都城燕京（北京），任燕京天长观住持。这个天长观就是后来成为全真教总本山的白云观的前身。据说他任住持不到一个月就拥有大量信徒，以致天长观内无法容纳，不得不挤到观外。可以想见，在河北肯定有许多信徒。各地都有弟子在传教，其发展相当迅速。第二祖于大定十五年（1175年）返回汲县，后住赵州太清观，大定二十年（1180年）再次奉召，皇上垂询养生之术。据说当时他奉答说：清虚之类是无知无识的人的说法，天子应崇尚中道。萧道熙的回答得到世宗的赞赏，受赐各种赐品。第二祖于大定二十六年（1186年）将教主之位让给第三祖萧虚寂（本姓王）后，遍游各地，当时的信徒已达数万之众。

萧虚寂成为第三祖后很快选定天长观居住。但当他听说黄河泛滥，汲县万寿宫遭淹毁时，立即赶回汲县，全力修复朝元观、万寿宫，随同前往的人数众多，而且在各地设醮。泰和七年（1207年）因驱除蝗害有功，章宗赐以元通大师号，任道教提点。道教提点是在地方设的一种道官，由此可知太一教的势力相当大。第三祖还为后宫的女官医治好病，卫绍王即位后赐以名叫上清大洞的道服。据说这一荣誉也受到世人的称道。他于贞祐四年（1214年）逝世，据说参加葬礼者多达数万人。公元1214年蒙古军南下，金迁都开封，国内动乱不安，人们寄希望于太一教，并纷纷成为其信徒。

因此从某种意义上说，金朝的灭亡对太一教来说是一次危机，但由于第四祖萧辅道（本姓萧）继承教主之位前同忽必烈有亲密交往，因而顺利地度过了这次危机。

人称山中宰相的第四祖萧辅道于公元1246年（蒙古，定宗元年）和1252年（蒙古，宪宗二年）分别受到蒙古太宗窝阔台之妃茨拉肯纳和太子忽必烈的召见。当时住在哈剌和林的忽必烈问"何以为治者"，奉答说"爱民人，隆至孝"，因而得到忽必烈的欢心，并赐号中和仁靖真人，下赐宝冠等赐品。忽必烈还相邀留住宫内，但他以年事已高为借口，辞退而归，同年冬寿终。但是两次晋见均有随行弟子被任命为道官，因此教团势力自然受到元室的认可。这样，太一教便同元室有了关系，使其以后的发展有了保障。据说萧辅道在上层官僚和士大夫中也享有盛名，结成知交者不少，由此可见太一教在当时的知识分子中也有支持者。

有资料说明，第五祖萧居寿（本姓李）以后的太一教受到元室的保护胜过其他教团。尽管有点夸张，但从中可以看出二者关系之密切。忽必烈即位后，第五祖经常受命设醮，中统元年（1260年）受赐太一演化贞常真人号，至元十一年（1274年）获特旨，在北京和哈剌和林建太一广福万寿宫，举行祭典，其经费全由国库开支，并给当时住万寿宫的道士以岁费，进而在至元十三年（1276年）受赐太一教宗师印。自此，太一教这个教团的名称得到了公认。在至元十六年（1279年）元室为历代教主追封真人号。

至元十七年（1280年）成为第六祖的萧全祐（本姓李）也同文人、名士有密切交往，世祖赐以承化纯一真人号。当时太一教的信徒东起山东，西至陕西，北至哈剌和林，几乎遍及江北整个地区。第七祖萧天祐（本姓蔡）的交际亦广，常常为元室举行祭祀活动。但是第八祖以后的情况由于没有记载，我们不得而知，也许当时的世系已断，教团消亡了，信徒们或许为天师道或全真教等教团所吸收。此外，第六祖与全真教徒也有交往，因此各教团之间的关系不像我们所想的那样互不来往。

## 全真道

全真道是金初兴起的三大新道派中出现最晚的，实力却是最强的，教团骨干人物的文化程度最高，留下的著述、史料也最为丰富，提供了全真道相当清晰的历史面目。全真道的创建者及其骨干分子，属于庶族出身的中级知识分子，这与太一教、大道教的情况不同，因而全真道的教义教制带有明显的地主阶级文化的烙印。

全真道的创立者王重阳（1112—1170年），原名中孚，字允卿，又名世雄，字德威，入道后改名喆，字知明，号重阳子，京兆（今陕西）咸阳大魏村人。出生在一个家业丰厚、财雄乡里的地主家庭。在整个社会动荡不安的情况下，深感入仕无门，于是弃家修道。正隆四年（1159年）他自称遇神人授之修炼真诀，在终南山筑隧，取名为"活死人墓"，穴居修道两年多。金世宗大定七年（1167年），忽然焚烧其居，只身前往山东传教。在山东，相继在文登、宁海、福山、登州（今蓬莱）、莱州（今掖县）传教，很快赢得信众，并收了七大弟子，他们是：马钰（1123—1183年），原名马从义，字宜甫，号丹阳子，世居宁海州；谭处端（1123—1185年），原名玉，字伯玉，号长真子，宁海州人。刘处玄（1147—1203年），号长真子，莱州（今山东掖县）武官人；王处一（1142—1217年），号玉阳子，宁海东牟（今山东牟平县）人；丘处机（1148—1227年），字通密，号长春子，家世栖霞；郝大通（1140—1212年），字太古，号广宁子，宁海人；马钰之妻孙不二

（1119—1182年），山东宁海人。后世称他们为"七真"。又建立了三教七宝会、三教金莲会、三教三光会、三教玉华会、三教平会等五个全真教会社，以"全真"名其教。四方前来受戒者接踵而至，不过几年，徒众就遍及山东。大定九年（1169年）秋，王重阳留下王处一、郝大通在昆仑山修炼，自己率丘、刘、谭、马四徒西归。在到达开封的第二年（1770年）王重阳逝世，四弟子扶枢回到关中。其后，全真掌教由马钰担当，其余六人各在山东、河北、陕西、河南一带修炼。这样，全真道活动中心转移到了关中。从金世宗后期起，随着刘处玄、丘处机、郝大通相继东返，山东又成为了全真道活动的中心。

全真道在金代的传播盛况，元《紫微观记》说："南际淮，北至朔漠，西向秦，东向海，山林城市，庐舍相望，什佰为偶，甲乙授受，牢不可破。"

王重阳及其七大弟子，都留下了很多著述。现存金代全真道士的著述有20余种，主要有：王重阳的《立教十五论》《金关玉锁诀》《授丹阳二十四诀》，马钰的《丹阳真人语录》《丹阳真人直言》，刘处玄的《至真语录》，丘处机的《大丹直指》，侯善渊的《上清太玄鉴诫论》和《晋真人语录》。这些论著记载了全真道初期教义、教制。另外，全真教徒著述的一个特色是善于以诗词歌诀的形式宣扬其教旨，这方面主要有：王重阳《全真集》《教化集》《分梨十化集》，马钰《渐悟集》《洞玄金玉集》《神光灿》，刘处玄《仙乐集》，谭处端《水云集》，丘处机《磻溪集》，郝大通《太古集》，王处一《云光集》，侯善渊《上清太玄集》，长筌子《洞渊集》等。这些诗文集文学水平较高，全面系统地表述了全真道教义、教制思想。

全真道的教义，概括来说有三点

第一，主张儒道释三教合一、三教平等。认为三教的核心都是"道"。不过金代全真道教义中的三教归一论，主要是作为一种宣教口号，虽然已注

全真道的创始人——王重阳

意到从三教的核心义理上来融通，但尚未展开全面深入的论述，而且，其对儒释的汲取是偏重于释，特别是佛教禅宗的思想。

第二，以"全精、全气、全神"为成仙的最高境界。全真道虽然追求长生成仙，但却鄙弃肉体，视肉体为"一团脓"，肉体终归要腐烂，血液总要干竭，肉体终会死亡。永恒不灭的只能是自身中不生不灭、超出生死的"性"，他们称之为"心之性"，也叫元神、本真、本来真性等。从这种观点出发，全真道在修炼上确定了唯重修心见性以期见性成真的修炼路线，以降伏心意、明心见道为道要，此是内炼成丹的前提，而又主张炼化精、气、神以结丹成仙，可谓是明心见性与传统内丹的结合。

第三，"苦己利人"的宗教实践原则。"利人"不仅是宗教道德要求，而且是得道成仙的一个必要条件，金代全真道上至传教人及七真，下至一般道徒，都以此作为宗教实践的原则，"苦己利人"的记载在史料中是非常多的。

全真道在元初达到了鼎盛，其中的关键人物是丘处机，契机则是丘处机遇到成吉思汗。丘处机为王重阳七大弟子中最年轻的一位，当他于明昌二年（1191年）东归栖霞之后，开始了一系列的社会活动，与不少达官贵人和当时的名医相交往，社会影响逐渐增大。如：贞祐二年（1214年）秋，山东大乱，杨安儿等起义，金廷请丘处机进行抚谕，据说是"所至皆投戈拜命，二州（按：指登州、宁海）遂定"。随着时局的明朗化，丘处机拒绝了金、宋的诏请，却欣然接受了成吉思汗的诏请。丘处机的这一政治选择，对其个人及全真道都有着重大意义。

元太祖十五年（1220年）正月，丘处机率领十八弟子随行，北上谒见成吉思汗。于元太祖十七年（1222年）三月，终于到达此行目的地——设于阿姆河南岸（阿富汗北境）成吉思汗的营地。丘处机以73岁的高龄，行经万余里，历时两年多，克服千辛万苦前去应召，对此，成吉思汗相当赏识。丘处机到达后，立即召见，向其请教治国养生之道。从现存史料来看，成吉思汗请教更多的是在治国之术方面。除重点谈了道家"清心寡欲""固精守神"的养生之道外，又谈了"止杀保民""布法推恩""以孝治国"等儒家治国之术。成吉思汗对这次召见很重视，命太师耶律阿海以蒙语译奏，并"敕志以汉字，以示不忘"。对丘处机的谈话也十分满意，称丘处机为"神仙"。又"集太子诸王大臣曰：汉人尊重神仙，犹汝等敬天，我今愈信真天人也。乃以师前后奏对语谕之。且曰：天俾神仙为朕言此，汝辈各铭诸心"。

1223 年二月七日，丘处机向成吉思汗请求东归，三月七日获允，并授其虎头金牌及玺书，令其掌管天下道教，诏免道门赋役。1224 年三月还抵燕京。丘处机回到燕京后，蒙古达官贵人争相结交奉承，并应请住在大天长观（按：即太极观，后改名长春宫）。该观从此成为全真道首脑机关所在地。此后，成吉思汗对丘处机的宠遇有增无减，不仅只要有使者赴行宫必询问丘处机的情况，而且又于 1224 年夏，还派专人传旨，说："自神仙去，朕未尝一日忘神仙，神仙无忘朕！朕所有之地，爱愿处即住。门人恒为朕诵经祝寿则嘉。"这等于给予全真道发展的特权。

以此为起点，至尹志平、李志常相继掌教期间，全真道的宫观逐渐遍布北方，全真道徒此时人数众多，进入了其发展的鼎盛时期。

然而，丘处机于 1227 年逝世，未能看到全真道鼎盛时期的情况，其弟子尹志平接任掌教。尹志平（1169—1251 年），字太和，祖籍河北沧州。为全真道第六任掌教人。他掌教后，继续受到蒙古皇帝的支持，并做了大量的弘教工作，如为修《道藏》事曾向皇帝求诏。大力修建宫观、发展道众等。在尹志平掌教期间，全真道发展盛况，姬志真在《南昌观碑》中说："及嗣教清和真人作大宗师，宠膺上命，簪裳接迹，宫观相望，虽遐方远裔，深山大泽，皆有其人。"尹志平掌教 11 年，于 1238 年将教事交给李志常。他著有《葆光集》，其弟子段志坚辑其平时讲论为《北游语录》。

李志常（1193—1256 年），字浩然，号真常子，开州观城（今山东范城）人。为全真道第七代掌门人。他得到元太宗窝阔台和宪宗蒙哥的赏识，掌教后，为全真道的发展继续努力。李志常十分重视对流亡士大夫的收容，除新建宫观外，"其余宫观修废补弊，不可殚记"。全真道在其掌教期间的兴盛景象，孟樊鳞在《十方重阳万寿宫记》中说："呜呼！历观前代列辟重道尊教，未有如今日之盛，兴作之日，四方奔走，而愿赴役者，从之如云。""今黄冠之人，十分天下之二。声势隆盛，鼓动海岳。"

但是到了李志常晚年，佛道矛盾加大，在蒙古统治者袒护佛教的情况下，全真道受到重创，被勒令焚毁道经，全真道的鼎盛局面因此而结束。李志常著有《又玄集》20 卷，已佚；《长春真人西游记》2 卷，行于世。

当然，全真道能够在蒙（元）前期获得迅速发展，并能将其鼎盛局面维持 30 多年，是与统治者的支持和其自身的努力都是分不开的。

## 明成祖与武当道

　　道教自清明两代由盛转衰。道教的教团腐化，教义、教制无大的发展，统治者不像隋唐宋元时期那样尊崇扶持道教，民间秘密教团与道教争夺信徒，使道教的社会地位及影响贬降。这一古老的宗教失去了发展的活力。

　　虽然这样，但在明代时期，道教的影响还是很大的。而统治者也对其较为尊崇。明太祖朱元璋自幼出家为僧，虽然不相信神仙长生之说，但是为了维护纲常秩序，他仍然重视佛教和道教。他曾亲自注解《道德经》颁行天下，而且还说对于维持王纲政道非常有益。在洪武三年（1370 年），朱元璋派遣南京朝天宫道士徐师昊、阎原出使高丽、越南，祭祀山川，利用道教笼络邻国。在洪武七年，他又命令道士宋宗真等人编成《大明玄教立成斋醮仪》，将其作为全国道教宫观统一行用的斋醮仪轨。当然，朱元璋并不是真正相信道教，而是企图利用道家达到施行教化的目的，所以，在对其进行利用的过程中也会对宗教加强控制和管理。对寺观僧道的数额及其活动进行严格限制，同时也限制道士的活动。

　　明成祖朱棣在位的时候，道教势力得到了很大发展。朱棣是朱元璋第四子，被封为燕王，坐镇北京。在朱元璋死后，皇太孙朱允炆（建文帝）即位。他特别担心自己大权旁落，所以就采纳大臣齐泰、黄子澄建议，实行"削藩"，其目的就是削夺燕王朱棣的权力。在这种情况下，朱棣以"清君侧""诛奸臣"为名，自称"奉天靖难"，举兵攻入南京。建文帝被迫在宫中自焚，而其亲信也被诛杀全族。正是在这种情况下，朱棣登上了皇帝宝座，迁都北京。

明太祖朱元璋像

　　明成祖起兵与皇侄争夺帝位，严重违背了纲常伦理。在封建社会中，如果想要动员将士，争取天下臣民归顺，则需要制造天助神佑的舆论，只有这样才能为自己赢得更好的条件。所以，明成祖与亲信姚广孝合谋，制造了北方真武神显灵的政治神话。当时，他们为什么以真武作为佑护之神呢？

　　真武神原名玄武，在我国古代神话传说中，真武神即为星宿神，其象征上天二十八宿中的北方七宿。共有四方守护之神，即北方玄武、东方青龙、西方白虎和南方朱雀。据说北方七宿形状与龟蛇非常相似，所以北方之神玄武以龟蛇合体为形象。因为龟蛇身披鳞甲，形态特别像披甲武士，所以，民间又将其称为镇守北方的神将。在隋唐时期，对于玄武的崇拜已经非常流行。在北宋真宗大中祥符五年（1012年），因为要避开皇室始祖赵玄朗之讳，于是改称玄武为真武，在天禧二年（1018年）加封神号"真武灵应真君"。从此之后，宋朝皇室一直尊奉真武，多次加以封号。元朝开国后也尊奉真武。在成宗大德七年（1304年），封真武神为"玄天佑圣仁威上帝"。另外，宋元统治者还在全国各地兴建奉祀真武玄帝的宫观祠庙，而且为了保佑国家的安宁，编造了真武降世显灵的神话。

　　在宋、元时期，民间崇尚真武玄帝，真武神为道教的化身。在当时所编造的一些道书中，宣称真武神是太上道君的第八十二化身，而且托胎降生为净乐国太子，其长大后入太和山修道42年，最终练成神功。所以，太和山改名为武当山，取意为"非玄武不足以当之"。据说，玉帝听闻真武骁勇善战，于是命令其镇守北方来降妖除魔。如果世间凡人有灾难，只要供奉玄帝，念诵真经，就能够感受到真武显灵，最终消除灾害，获得幸福。宋、元时代，在湖北武当山的道教香火日渐旺盛，所以有很多道观被修建起来，有越来越多的信徒来到这里，组织教团。武当道团除本山原有道士外，还有一些其他派别，如全真道、清微派、神霄派……虽然它们的道法不同，然而在武当山都奉祀玄帝真武，所以，具有特色的武当道教逐渐形成了。

　　据说，在朱元璋打天下的时候，曾经得到真武神暗中帮助，所以，在建立明朝之后就在南京立庙奉祀真武。燕王朱棣坐镇北方，当他起兵的时候，恰巧借助这位北方神将的威灵，制造君权神授的舆论。据明代史书记载，在朱棣集合部下祭旗誓师，准备出兵的时候，突然天昏地暗，有披发神将显现。

朱棣问谋臣姚广孝："是何神？"姚答曰："向所言吾师玄武神也。"所以，朱棣马上就模仿神像，披发仗剑，其部下看到这种情况之后特别高兴，以为真的是天神显灵了。在后来的一些战争中，朱棣又制造真武显灵的神话，这极大鼓舞了士气。据说，每当南北两军对阵时，南军士兵常见空中有"真武"二字旗帜，而且东北风特别大，南军往往不战而退。

如此看来，正是因为真武显灵才使得明成祖夺位成功。因此，在他登上皇位之后，在全国掀起崇奉"北极真武玄天上帝"的热潮。在永乐年间，明成祖多次下诏褒奖真武神，宣称："奉天靖难之初，北极真武玄帝显彰圣灵，始终佑助，感应之妙，难尽形容，怀报之心，孜孜未已。"为了报答他，明成祖下令在全国修真武庙。当时在北京皇城北面建成规模宏大的真武庙。要求每年春天三月三日、秋天九月九日，每月初一、十五日，官员们都应该在两京之地祭祀真武。另外，明成祖更为重视湖北武当山，因为它是真武大帝"得道显化去处"。从永乐十年（1412年）起，明成祖命令多人修建武当道教宫观。经过十多年之后，已经耗费了大量的人力、物力和财力，建成了庞大的道教建筑群，即八宫二观、三十六庵堂、七十二岩庙、三十九桥、十二亭。其规模非常大，是其他地方所不能比拟的。其中建于主峰上的太和宫金殿，全用铜铸鎏金而成，富丽堂皇，异常华丽。在修建宫观的时候，武当山道士奉旨编撰《大明玄天上帝瑞应图录》，其主要目的是借神灵感应来神化明成祖。在武当宫观建成后，明成祖封武当山为"大岳太和山"，其位在五岳之上。当时，他在全国选择了很多道士住在武当各大宫观，焚修香火，使得道教越来越兴盛。而且，明成祖还让正一真人张宇清荐举著名高道二十余人，分别授以宫观住持、提点、副官等职，其主要任务是为皇室祈福。明成祖还给道士很多物资，而且经营道观所花费的钱财都由国家来出。为了直接控制武当道场，明成祖专门派官员负责管理全山道教事务，以维持道观的正常秩序。

明代武当道教的发展与明成祖的政策有着直接的关系。从成祖以后，武当山成为官方控制的御用道场，而真武神则被钦定为明朝皇室的保护神。在明朝新皇帝即位的时候，他们都会到武当山祭告真武玄帝。明成祖不仅崇奉真武，而且仰慕仙真高道，甚至多次遣使寻访武当道士张三丰。而且亲自给他写信，表达"至诚愿见之心，夙夜不忘"。张三丰虽然没有找到，但他的名声却大了起来，最终在明代形成了以张三丰为祖师的道派。

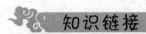

## 李家道

　　李家道是在吴大帝时（222—252 年）传入江南的，为首者是三国时蜀人李阿、李宽，以崇奉神仙"李八百"而得名。李家道与天师道有很多相似之处，以祝水神符为人治病，并设置"道庐"。李阿、李宽至吴地传道，以符水为人治病颇为灵验，于是自公卿以下，莫不云集其门。至东晋时，其"弟子转相教授，布满江表，动有千许"。

　　李家道在民间的影响很大，从东晋明帝太宁元年（323 年）始，直至隋炀帝大业十年（615 年）上下 200 余年之间，托名李家道道徒李弘之名起事者，连绵不绝，遍及安徽、山东、四川、湖北、陕西、甘肃、河南各地，且汉民族、少数民族皆有之。北魏寇谦之于神瑞二年（415 年）在《老君音诵诫经》里说："世间诈伪，攻错经道，惑乱愚民。但言老君当治，李弘应出，天下纵横迫逆者众，称名李弘，岁岁有之。"

# 道教宫观

　　道教宫观是道士的家,不只是因为宫观是他们修炼的地方,是他们起居的住所,更是因为宫观的选址与建筑布局,无一不受到道教思想的影响。在一定程度上可以说,宫观是道士们的心灵归宿。

# 第一节
# 道教宫观的形式

 洞天福地

　　道教认为古代神仙居住于天上海中，或名山，陆续造出了一些神仙住地的神话。比如《道藏》中托名汉代东方朔的《十洲记》中述说的十洲三岛，唐代道士司马承祯《天地宫府图》记载的十大洞天、三十六小洞天、七十二福地，以及《无上秘要》《一洞珠囊》收入的二十四治等。后唐杜光庭根据前人所述，编辑的《洞天福地岳渎名山记》，是把见于各种道书中所谓的神仙住地，做了系统的梳理，形成了一部较完整的道教的宗教神学地理。杜光庭在这部著作的

洞天福地遗址

《序》中表明，自开天辟地以来，出现江海山岳，就有神仙居住的灵宫阙府，玉宇金台。也就是说，神仙居所在他记录本书之前就已存在。按照杜光庭的《洞天福地岳渎名山记》中记载的神仙住地，大致包括以下几个方面的内容。

岳渎众山。这其中又分为几类，首先，天上仙山：以玄都玉京山为中心，四周围绕着的三境之山有大罗之中的玄都玉京山，有玉清之上的元京山、峨眉山、三秀山，还有广霞山、金华山、寒童灵山、秀华山、红映山、紫空山、五间山、三宝山、飞霞山诸山，有太清之中的浮绝山。这些天上仙山，杜光庭注称，"皆真气所化，上有宫阙，大圣所游之处"。

其次，以昆仑山为中心的天下五岳十山。这里的五岳和我们现在所指的五岳不同，而是东海中青帝所都的东岳广桑山、南海中赤帝所都的南岳长离山、西海中白帝所都的西岳丽农山、北海中黑帝所都的北岳广野山，它们共同拱卫着九海之中的中岳昆仑山。十山的名目，也颇为离奇，它们是：方壶山，在北海中，去岸30万里；扶桑山，在东海中，地方万里，日之所出；蓬莱山，在东海中，高约1000里；连石山，在东南辰巳之地海中；沃焦山，在东海中，百川注之而不盈；方丈山，在大海中，高49.7万丈；钟山，在北海中，弱水之北1.9万里；员峤山，在大海中，上干日月；岱舆山，在巨海之中；丰都山，在九叠之下，一云在癸地鬼神之司。名称与所处地方都让人捉摸不透。

再次，十洲三岛也同样如此。玄洲在北海中，地方7000里；瀛洲在东海，一名青丘；穆洲在东海中，地方500里；祖洲亦在东海中，地方万里，出不死草；元洲在大海中，地方3000里；长洲在巨海中，地方5000里；流洲在西海中，地方3000里；凤麟洲亦在西海中，出绩弦胶；聚窟洲在西海中，地方万里，出返魂香；炎洲在南海中，地方2000里；生洲在西海中，地方2500里。

事实上，杜光庭在《洞天福地岳渎名山记》中列出的是十一洲一岛。与唐代道士司马承祯的《十洲记》相对照，不同之处颇多：《十洲记》中并无穆洲名目。至于三岛，杜氏也只有沧海岛一岛，而《十洲记》中虽记录了沧海岛、方丈岛、扶桑、蓬丘（蓬莱山）、昆仑（又名昆陵）等地情况，但并没有三岛之说。只有在《云笈七签》卷26《十洲三岛》部分，才明确地将昆仑、方丈（扶桑附之）、蓬丘称为"三岛"，而将"沧海岛"附于十洲之聚窟岛之后。而对于十洲三山，杜光庭也特别予以说明："十洲三岛，五岳诸山，皆在昆仑之四方，巨海之中，神仙所居，五帝所理，非世人之所到也。"所以，西汉时齐地方士纷纷上书托言神怪奇方，甚至有人声称夜晚曾见到高达数丈的巨人，引得汉武帝不仅派出上千人去寻求仙人，以求长生之药，甚至自己亲自东巡齐地，封禅泰山，希冀借此在海上遇到仙人。尽管武帝向往神人仙境已到了着迷的程度，可惜神仙们始终没有被找到，武帝只好在长安城内建章宫北的太液池中，修筑蓬莱、方丈、瀛洲、壶梁，以象征海中神山，借此聊作慰藉，寄托他的思仙之情。

在杜氏的著作中，有一个特别之处就是以五岳神为主，而分别配以其他有关山系为佐理，形成了道教中特有的五岳图式，让纷繁复杂的众神之山有了秩序，这是杜光庭的一个创举。下面我们就看看，他是如何打理这些庞杂无序的众山。

首先是东岳泰山。管理东岳地区的神祇为天齐王，他统领的仙官玉女有9万人之众。泰山周回约2000里，地处唐代的兖州奉符县。这里需要注意的是，由于杜氏为后唐之人，他所建构的道教神山的地理基础，当然是依据唐代的行政区划。其中，东岳地位崇高，自然需要有些次级的山脉辅佐，因此，安排了罗浮山、括苍山为佐命，蒙山、东山为佐理。但令人费解的是，远在广东地区的罗浮山、括苍山怎么会成了东岳泰山的佐命。

其次是南岳衡山。它的山岳之神是司天王，统率的仙官玉女稍少，但也有3万人之多。南岳周回2000里，以霍山、潜山为储副，天台山、句曲山为佐理。同样，霍山在北方，为何成了南岳的储副，也是令人不解的。

再次是中岳嵩山，嵩山以少林河为界，东为太室山，西为少室山，分别是太阳、少阳、明月、玉柱等72峰。太室山，位于河南省登封市北，为嵩山之东峰，海拔1440米。据传，禹王的第一个妻子涂山氏生于此，山下建有启母庙，故称之为"太室"，太室山共有36峰，岩幛苍翠相间，峰壁环向攒耸，恍若芙蓉之姿。主峰"峻极峰"，则以《诗经·嵩高》"峻极于天"为名，后因清高宗乾隆游嵩山时，曾在此赋诗立碑，所以又称"御碑峰"。登上峻极峰远眺，西有少室侍立，南有箕山面拱，前有颍水奔流，北望黄河如带。倚石俯瞰，脚下峰壑开绽，凌嶒参差，大有"一览众山小"之气势。山峰间云岚瞬息万变，美不胜收。

西岳华山排为第四，华山神是金天王，统领的仙官玉女有7万人，山周回2000里。地理位置是在华州的华阴县，其中，地肺山、女几山为其佐命；西城山、青城山、峨眉山、（山番）冢戎山、西玄县山是其佐理。

最后是北岳恒山，岳神称为安天王，领有仙官玉女5万人，山周回2000

里，位于镇州，其中，河逢山、抱犊山为北岳的佐命；玄陇山、崆峒山、洛阳山为它的佐理。

如此看来。这五岳及其所统领的诸山，并没有完全按照它们的实际地理位置进行安排，而且随意而为。不知是当时人们的地理观念差，还是别的什么原因，总之，留给我们的就是这样一个杂乱无序的体系。

至于大小洞天，就更显示出道教的玄虚与无序，很多地方，我们至今无从知晓它们的具体位置，真实性无从谈起。至于"十大洞天"在道教神仙管理体系中的地位，杜光庭也给了一个大致的概念："十大洞天、五岳，皆高真上仙主统，以福天下，以统众神也。"也就是说，这十大洞天与五岳同样，都是仙官们统驭众神的所在。

关于三十六小洞天，司马承祯曾云："太上曰：其次三十六小洞天，在诸名山之中，亦上仙所统辖之处也。"大概只是比五岳十大洞天的级别低一些的神仙住地。比三十六小洞天级别还要低的就是七十二福地了。

不论是三山五岳，还是大小洞天，抑或是七十二福地，它们都是真仙所居，与凡俗世界不大相同。关于此，葛洪在《抱朴子·对俗》中有详细的描述，他说："果能登虚蹑景，云舆霓盖，餐朝霞之沆瀣，吸玄黄之醇精，饮则玉醴金浆，食则翠芝朱英，居则瑶堂瑰室，行则逍遥太清……或可以翼亮五帝，或可以监御百灵，位可以不求而自致，膳可以咀茹华璃，势可以总摄罗酆，威可以叱咤梁成。"并且可以"或升天，或住地，要于俱长生，去留各从其所好耳"。如此曼妙的所在，难怪众人都要趋之若鹜，不惮以身家性命以求之呢！

## 宫观的起源与变革

随着时间的发展，道教渐渐地有了道观，其专供道士进行宗教活动和祀神。

中国现行五大宗教，在很多方面最为复杂的就是道教，其中最为常见的是宫或观称作宫观，宫观的形成有一个历史过程。《道书援神契》说："古者王侯之居，皆曰宫，城门之两旁高楼，谓之观。殿堂分东西阶，连以门庑，宗庙亦然。今天尊殿与大成殿，同古之制也。"也就是说，从秦朝以来，宫为帝王皇宫、行宫的专称。而观则是皇城城门两侧的建筑物，登上观顶，可以看到远处的风景，所以将其命名为观，或者是阙。观的本义是道教庙宇，它起源于汉朝，相沿于北朝，在唐代较为通行。

在《楼观先师传》中记载：周康王时期的大夫尹喜，曾经在其居结草为楼，其主要是用来观星望气，物色真人，所以将其起名为楼观。在老子出关西行的时候，尹喜延将其请到楼观，主要是讲解《道德经》。这就是推行道教的地方。或许楼观就是最早的道教宫观。

汉武帝时，信方士公孙卿言"仙人好楼居"，所以就命令长安作蜚廉桂观，甘泉作益延寿观。这种观与后世的道观大不相同，它是与宫室连在一起的，它主要是用来伺候神仙的，而且设有供品祠真，这开后世道观之先例。与楼观在终南山不同，汉武帝所建观均在都邑，后来北周武帝作通道观、玄都观等也都在京城。

因为道派起源地不同，而且所处的地方也不同，五斗米道的活动场所不称做观，而是称为治、靖室。

五斗米道立二十四治。治有两种意思：一是指教区，或者是将其称为化，其遍及范围非常广，由天师指定男女祭酒，合 2400 人，各领户化民；其二是指教堂，即所谓"民家曰靖，师家曰治"。

在东晋南朝时，作为教堂的"治"被五斗米道发展为馆。但是治要受教区的限制，一个教区立一治，但是建立馆不需要受到这种限制，而且其也有不同的意义。馆的本义是客舍，陈国符《道藏源流考》说："又是时山居修道者皆居山洞，即于其旁筑有馆舍。"这种说法，如《真诰》卷 20 称许翔"即居方隅山洞方园馆中"。到南朝的时候，道士山居多称馆。如天台山的金庭馆、茅山的长沙馆、曲林馆……馆与观有着不同的称谓和本义，而且也有不同的文化韵味。北周武帝作通道观，集儒释道三教学者，属于当时的文化中心机构。但是馆主要是遁世逸士怡情养性、修持学仙之处。

南方道教由道馆变而称道观，是入唐后日渐通行的，而且是由朝廷斥资建立的。

从唐玄宗开始，道观升格而为宫。在玄宗开元二十九年（741 年），制两京及天下诸州各置玄元皇帝庙。在天宝元年（742 年），改两京玄元庙为太上玄元皇帝宫。第二年，复改西京玄元庙为太清宫，东京为太微宫，天下诸郡则为紫极宫。宫中供奉圣祖大道玄元皇帝。到宋徽宗的时候，诏改天下天宁万寿观为神霄玉清万寿宫。从此之后，人们普遍称道教庙宇为宫观。道教宫观的建筑，在设计、布局、营造等方面，都有一定的法式规制，但并不强求千篇一律。宫观是按照想象中的神仙天堂和洞府仙境而建制的，拟仪天堂而建宫观，让天堂再现于人间，可以说这是宫观建制的基本指导思想。所以宫观建制没有教条性的模式，给自由想象留下了广阔的空间，也符合道家文化中崇尚自然和谐的审美意识，但宫观作为建筑群体，其中的殿堂楼阁并非纷然杂陈，混乱无序，在殿堂布局、殿堂设置等方面，又都有其或然性的准式。从历史来看，这种基本准式是在唐代形成的，以后虽代有沿革，但总体上看始终保持着唐代建制的雏形。下面即依据《洞玄灵宝三洞奉道科戒营始》的载述，取用后代宫观建筑作为例证，略述殿堂设置及基本布局。

据其载述，齐备的殿堂设置，有如下五十种：天尊殿、天尊讲经堂、说法院、经楼、钟阁、师房、步廊、轩廊、门楼、门屋、玄坛、斋堂、斋厨、写经坊、校经堂、演经堂、熏经堂、浴堂、烧香院、升遐院、受道院、精思院、净人坊、骡马坊、车牛坊、十方客坊、碾硙坊、寻真台、炼气台、祈真台、吸景台、散华台、望仙台、承露台、九清台、游仙阁、凝灵阁、乘云阁、飞鸾阁、延灵阁、迎风阁、九仙楼、延真楼、舞风楼、逍遥楼、静念楼、迎风楼、九真楼、焚香楼、合药堂等，此外还有药圃、果园、菜园等。这些建制，不必每座宫观都齐备，但由此形成了殿堂设置的基本准式，这五十种殿堂大体包含了后代宫观建制，因新教派出现而增加的除外。下面选择一些主要的设置，略作介绍。

天尊殿供奉道教的最高神尊，是宫观的主体建筑。此殿之营造，既可砖石葺构，金玉雕饰，也可茅茨土阶，简素质朴。殿内可雕龙画凤，图云写月，但不能安置三清以外的神像。此殿为进宫门后的第一重建筑，其他殿堂楼阁则置于其后或左右两翼，很少在此殿之前。这种定式，后来有所变化，如元代全真道通真观的布局是"首建大殿于其东，以像三清；次建祖堂于其西，以祀七真"。此以三清殿与七真殿并列，而清初重建的北京白云观，供奉三清尊神的三清阁，则为如山门后的第五进殿堂。三清殿或三清阁，由天尊殿变化而来。

道教的一个重要活动是在法堂讲经说法、宣教布道。被道流奉为天下祖庭的终南山楼观，全称是"楼观说经台"，用以指谓老子传经立教之事。

游客参观天尊殿

祖庭开创说经之风,至隋唐时而大盛。隋唐道教将传经讲道作为一项重要的宗教活动,听众极多,场面也很大。具体地址一般在天尊殿之后,但为了宽畅,也可以置于天尊殿左右。入清后,讲经说法通常与传戒授箓合为一体,传戒授箓也是宣教布道的重要活动,但受时间周期的限制,没有唐宋金元的讲经说法那么频繁。

钟楼、经楼是变化比较大的两种建筑。按唐制,钟楼与经楼相对而立,位于天尊殿前方的左右两侧。经楼珍藏三洞四辅,即七部道教经书,要求通风,但隔绝雨露。钟楼的要求是牢固,但四面墙壁则须疏薄,使钟声无阻碍。道观造构鼓楼,与钟楼相对立,大概始于明清之际。

从总体上看,道教宫观具有双重风格,即宫殿式与园林式建筑相结合。殿堂为祀神之所,具威仪,但并不给人以高耸突兀的感觉,不突出那种凌驾于众生之上的宗教气氛,具威仪而可以亲近,是天堂却并不悬隔于现实,大概就是殿堂建制最通常的视角效果。宫观作为建筑群,既浑然一体,又层次分明,在殿堂楼阁之间都有所间隔,构成一个相对独立的院落。院中或古木参天,或茂竹修林,或花团锦簇,与主体建筑形成一种立体效果。

## 宫观的管理制度

道教的宫观,教派不同其建筑也不尽相同。如按照教派划分有全真派宫观、正一派宫观、净明派宫观等,同一教派的宫观又有祖庙与子庙的差异;按照营建规模划分则有大宫观及专供一神的小庙、神祠等。同一座宫观,在不同的时间段往往归属于不同的教派,所奉神真殿堂设置等方面也就会产生相应的变化。而从宫观管理制度的角度看,则大致上可以根据庙产的归属划

神霄宫

分为两类:一类是庙产私有的子孙庙,另一类是庙产国有的十方常住。

在南北朝时期已初显庙产的归属问题。大体上说,南朝的道馆绝大多数为私有,其中一些是道士自己营建的,另一些则由朝廷为某高道建造,道士为馆主,既是道馆的宗教领袖,也是道馆日常事务的掌管者。北朝道观大部分为

国有，确切地说是皇家所有，如北周时的玄都观、通道观等。庙产有着不同的归属，宗教活动也有所不同，简单地说，前者是某一派系道士的修行之所，后者则是各方道士参访云集之处。这样两类所有制，在唐代是一同存在的。如唐太宗时敕润州为道士王远知建造太平观，并度弟子若干人供洒扫之役，太平观就类似于后来的子孙庙，观主由其法嗣代代相传。唐高祖时的宗圣宫即为国有，于十方常住的性质类似。在唐代，属皇家所有的宫观日益增多。如玄宗朝各州所建开元观等。也正因为这个原因，唐代道教官观已有十方常住制度，如《洞玄灵宝三洞奉道科戒营始》，称规范的宫观建制应有"十方客坊"，留居参访道众，又设"受道院"，作为传戒之所，都是十方常住制度的一些最重要特征。十方常住又称十方丛林，有人认为道教宫观具有这种制度，是全真道兴起后受佛寺影响的结果，这种看法显然是不全面的。事实上，自北周至隋唐，属皇家所有的道教宫观实行的就是十方常住制度。这种制度在北宋时相沿并有所强化，一方面，宋真宗时广建昭应宫，徽宗时各州建神霄宫，又先后在东京、西京等地建太一宫，属皇家所有的道教宫观渐渐多起来；另一方面，朝廷又加强了对宫观人事、管理诸方面的干预，属某一派系、某一传承所有的宫观便更少了。但凡建于城邑的大宫观，大致都具有十方常住的性质，只有那些私建的神祠小庙，祭祀地方性民间信仰的神仙或有德高道，属于子孙庙性质。此后的金元明清，道教宫观的两种所有制始终并行，明朝曾禁止私自建庙宇，但没有成功，并不能使两种所有制存一废一。

宫观所有制的归属不同，管理制度也不太相同。子孙庙的管理，实际上没有成文的严格制度，师父为一庙之主，徒众由师父指派职司，本质上与宗法制的世俗家庭或家族没什么不同。因为庙产私有，而且规模通常都不大，所以只接待少数参访者，不留居十方道众，即不能开口，也不须悬挂钟板。子孙庙之成其为子孙庙，还有一个重要的标志，即可以收徒弟，但不能传戒。其徒众受戒，须送往十方常住。就其教法的传授而相比较，子孙庙好比是私塾，十方常住则好比是国立大学校。

属十方常住体制的宫观，云集各地各派道众，多是著名的大宫观。这种宫观，全真、正一两派都有，只是叫法不同。全真派叫作十方丛林，如北京白云观；正一派则叫作宗坛，如江西龙虎山的上清宫。它们有相同之处，如不能私收弟子，但可以云集各地道众，按期举办传戒或授箓活动，必须对各地道众开单口，接受道众留居。日常悬挂钟板，以敲钟击板号令作息。方丈、住持等职司的产生非师徒自然相授，而是有特定的资格要求，并且须经过道众公选等。因为常住道众来自各地各派，彼此间有共同的信仰，互为道友，但多没有师徒关系，没有统一的秩序，在组织和管理方面需要具备一套规范化的制度。概括起来，十方常住的管理制度包括三个方面，即组织状况、职司制度、挂单程序。下面就这三个方面做一些介绍。

在十方常住的宫观里，方丈是宫观道众的精神领袖，其品阶最高；方丈之下有监院或住持，负责宫观的实际事务；其次有都管，协助住持处理各种具体事务。在组织管理方面，自方丈、住持以下，习惯上有所谓"三都五主十八头"的说法。三都即都管、都讲、都厨；五主即经主、殿主、堂主、化主、静主；十八头即门头、庄头、堂头、库头、茶头、水头、火头、饭头、菜头、仓头、园头、槽头、青头、钟头、鼓头、净头、磨头、碾头。其中，都管、都讲等是一人一职，殿主、门头等由多人担任。而在有些大宫观中，实际职司还不止这些。小柳司气太著《白云观志》，曾录咸丰六年（1856年）白云观斋堂告示一道，张布职司，可见这样的例子。

为了方便挂单者熟悉司职人员，联系相应的事务，可以将职员名单张贴在客堂里，写清姓名。所以十方常住虽然人员流动频繁，事务烦杂，但组织管理是有序的。

从以上执事人员的组织情况看，十方常住的管理专业化强。执事人员各司所职，虽则事务方方面面，但都管理得井井有条。主要执事人员的产生，大都由道众公议选举，部分由监院指派。主要职司所管理的事务，大体如下。

方丈其实不管理宫观的具体事务，只是作为宫观的精神领袖，作为仪范表率，其人选有一些特殊的要求。如张宇初《道门十规》就"住持领袖"的条件要求说："凡名山福地，靖庐治化，丛林宫观，住持之人，或甲乙往还，或本山推举，必得高年耆德，刚方正直之士，言行端庄，问学明博，足为丛林之师表，福地之依皈者为之。庶足仪刑后进，准则前修。其居是者，务必慈仁俭约，德量含弘，规矩公正。先开接引之方，导愚畜众；次谨焚修之职，请福消衍。裕国祝厘，莫大于报本。尊经阐教，莫大于推诚。其畜众之方，先严戒行规矩为要……"按旧时惯例，十方常住传戒时，要对受戒者进行考核，考核包括举止仪范、通解经义等，并将考核名次张榜告示，其取为天字号第一名者，获方丈候选人资格。法嗣传位时，通常由前任方丈选择其中两三名，请其他宫观的方丈及监院共同审核资格，然后付之道众公议。如果本宫观中找不出具备此种资格的人，也可以从其他宫观延请，即张宇初所谓"甲乙往还"。

监院又叫作住持，俗称当家，是宫观实际事务的管理人，通常由年富力强、精明干练者担任。其产生，原则上由道众公议公举，任期三年，连举可以连任，在任期间如有重大过失，也可以由道众共同商议罢免。

都管协助监院管理各方面事务，协调不同职司间的工作。

都讲由熟知经忏书文者充任，宣讲经义、科仪。

都厨管理斋堂、客堂膳食，饭头、菜头、柴头等隶属之。

高功检查受戒道士之修持，主持大小道场，由熟知经忏威仪、诵经音律者担任。

## 知识链接

### 华山与道教

位于陕西省华阴县南的华山，是五岳中的西岳。华山北面是渭河，俯视着关中平原，南抵秦岭。由于山体是由花岗岩构成，形成了山势险峻、奇峰兀立的形势，自古有"奇险天下第一山"之说。华山主峰海拔1997米，在五岳中高度仅次于北岳恒山。在道教教义中，为三十六洞天中的第四洞天，其地位当然相当显赫。

华山与道教的关系源远流长，据说先秦时老子就曾到过华山。这似乎很有道理，因为老子西出潼关，华山是必经之途。老子显然在华山还停留了不短的时间，因为还有一些遗迹留下，比如华山北峰有一段险途名为"老君犁沟"，相传为老子用犁开辟的。但实际上，真正与道教攀上关系的，是千年之后的北魏。寇谦之在发迹之前，曾隐居华山。这在《魏书·释老志》中有明确的记载：寇谦之遇仙人成公兴后，随之入华山，吃了成氏采的药，不再感到饥饿。寇谦之到嵩山修道是后来的事情，而且目的也并非真是为了修行，不过是为了离京城洛阳近一些，让皇帝容易知道自己，以实现自己的抱负。

# 第二节
# 现存的道教宫观

## 全真第一丛林：北京白云观

位于北京西便门外的白云观，环境优雅，建筑颇为壮观，是中国道教全真派祖庭，被称为"道教全真第一丛林"。在 1957 年，中国道教协会成立，从此之后，中国道教协会的所在地便选在了白云观，同时也是全国道教活动的中心。在 1983 年，国务院确定白云观为全国重点道教宫观。

白云观始建于唐朝，当时其名称为天长观，是中国道教最早宫观之一。据唐刘九霄《再修天长观碑略》记载：唐玄宗为"斋心敬道"，为了祭祀老子，所以才建立了这个观。在开元十年（722 年）建造。观内供奉着一尊汉白玉刻老君像。它是镇观之宝，不仅玉质洁白，而且老君的像还栩栩如生、形象生动。自从其被建造以来，白云观虽多次遭受劫难，但是这座老君像却完好地保留下来。

在金朝正隆五年（1160 年），一场大火烧毁了白云观。金世宗信奉道教，下令重修天长观，并于 1174 年修成。其规模比以前更大，共有殿堂廊阁 150 楹，并改名为"十方大天长观"。在其建成之时，观内举行了为期 3 天的道场，连金世宗和太子都前来观礼。其活动由金著名道士阎德源担任住持，开坛说戒。从此开始了中

白云观遗址

国道教的传戒制度。

孙道明后来担任主持，并在此编纂《大金玄都宝藏》，而且所有的经版都藏在这里。此后，有很多道士都慕名而来，如刘德仁、丘处机、王处一、刘处玄……在元太祖二十二年（1227年），太极宫奉旨被改为长春宫。邱处机在此演教立龙门之宗，这标志着白云观达到鼎盛时期。

在元太祖二十二年（1227年），邱处机逝世于长春宫，为了放置其遗体，其弟子尹清和等在长春宫的东面建"处顺堂"，在此之后，全真派信徒尊白云观为祖庭。

明朝时期，白云观经过3次修建后，形成了一定规模，但是在明朝末年就逐渐衰落。

在清朝初年，王常月担任白云观方丈。王常月，原名平，号崑阳子，道教尊称崑阳王真人，是龙门派第七代宗师。在顺治十三年（1656年），顺治帝将其封为国师，并赐紫衣。他多次在白云观开坛传戒，使受戒弟子达到千人。另外，康熙皇帝还是太子的时候也来这里受戒，现存在白云观的金钟玉磬就是康熙受戒时所赐之物。其作为住持期间多次对白云观进行修复，基本上形成了今天我们所看到的格局。清朝时期，白云观清规严格，香火兴旺，被誉为"全真第一丛林"。

白云观殿堂布局合理，环境清幽。在山门前分布有影壁和牌楼，在山门之后，中轴线上的6座主要殿堂巍峨矗立，即灵官殿、玉皇殿、老律堂、丘祖殿、三清四御殿、云集山房。东侧有云水堂、丰真殿、修真堂、养真堂、功德祠、南极殿、藏经阁、斋堂、厨房等；两侧有十方堂、儒仙殿、八仙殿、吕祖殿、元君殿、元辰殿、祠堂等。在后院还有被称作"小蓬莱"的后花园，中心为戒台和云集山房，它占地面积约1万平方米，在北京现存的道观中最完整，规模也最大。

在白云观山门之外有影壁和牌楼。影壁上有元代书法家赵孟頫书"万古长春"四个大字。所谓牌楼，又可称为棂星门，在明正统八年（1443年）建造。它最初的功能是供观内的道士观察气象。正面匾额上写着"洞天胜境"，背面为"琼琳阆苑"，其笔力刚劲有力。

白云观山门也于明正统八年（1443年）建造，它是一座三斗拱的券门，以砖石为材料，气势雄伟。在门墙上还刻着各式图案，极其精美。最引人注目的是在浮雕中有一个小猴，它的样子活灵活现，很是招人喜爱。在民间传

说只要摸摸石猴，就可以延年益寿，消灾解难。经过多年，这只小猴子已经被摸得黝黑发亮。

灵官殿建造于明景泰七年（1456年），后来重修过一次。殿内奉祀着道教护法神灵官像。这座像是明代木刻像，右手执金鞭，左手掐灵官诀，身披金甲，足踏风火轮，可以看出他在奉旨巡查天下，有着无边的法力，所以被道教尊为山门守护神。殿内两边配有马胜、赵公明、温琼、岳飞四大元帅绢丝画像。

位于灵官殿和玉皇殿之间的钟楼、鼓楼属于清代建筑。通常来说，宫观是东边建钟楼，西边建鼓楼，但是白云观的情况恰恰相反，而是西边为钟楼，东边为鼓楼，据说这样建造的目的是挡西风寺的西风，而把钟换到西楼。在两楼之间是明代铸制的铜香炉。

玉皇殿建于清康熙元年（1662年），原名"玉历长春殿"。殿正中供奉着玉皇大帝。身披九章法服，头戴12行珠冠冕旒。《玉皇本行集经》称，玉皇是"诸天之王""万王之尊"，他统御三界十方。每逢腊月二十五日和正月初九，因为其分别为玉皇大帝出巡和圣诞之日，所以在宫内举办道场，以祈求国家强盛人们富足。

殿内神龛前挂的百寿幡是慈禧太后60大寿的礼物，之后出现在了白云观中。两侧有四位天师铜像，形象逼真。两壁挂有8幅绢丝工笔彩画，如南斗六星、北斗七星、三十六帅、二十八星宿……

玉皇殿东侧为乾隆御笔的《白云观重修碑记》，其将白云观的重修过程叙述了一遍。

老律堂建于明景泰七年（1456年），在道观建筑中占有重要地位，同时也是全真龙门派律师传戒说法的地方。殿中供奉的是全真道七位真人，即邱处机、谭处端、刘处玄、马钰、郝大通、王处一、孙不二。因为是金、元时期北方道教全真派的代表人物，所以元朝皇帝将其封为"真人"。道教"真人"地位非常高，其位于神之下，但又在仙人之上。唐朝之后，皇帝封赏著名道士的时候都会授予真人的封号。殿内正中悬挂着清康熙皇帝御笔匾额"琅简真庭"四个大字。

在殿前有一铜骡，传说这是康熙皇帝的坐骑，原先是北京东岳庙文昌阁的文物，后来移到这里。

白云观的中心建筑是邱祖殿。它的原名为处顺堂，元太祖二十二年

（1227 年）建造，华丽异常。在殿中是明代塑造的邱处机坐像，手握如意，体态端庄。据记载，殿内原有很多壁画，现已不复存焉，如长春真人西游图、十八宗师画像……殿内还有一瘿钵，是用古树的根做的。钵身深棕色，口嵌金边，其被放置在一刻满花纹的汉白玉石座上。钵身刻有"大清乾隆皇帝二十年奉旨重修髹金供本观"。这个钵为乾隆皇帝所赐，谕："庙中他日有绝粮乏食之时，道众可舁此钵从正阳门入皇宫，宫中必有赐给。"

四御三清殿建于明宣德年间，分为上、下两层。下层为四御殿，主要是供奉玉皇大帝、天皇大帝、北极大帝和后土皇地祇，这是道教所信奉的四位天帝，而且其被统称为"四御"。此外，还有一位长生大帝。在塑像前设立经坛，上放有法器和经书，每当祖师圣诞之日，就会在这里举办道场。

上层为三清阁，正中供奉道教尊神，即三清。中央为玉清圣境元始天尊，左边为上清真境灵宝天尊，右边是太清仙境道德天尊。

藏经楼位于四御三清殿东边，有《正统道藏》珍藏在这里，望月楼则位于其西边。

祠堂建于清康熙四十五年（1708 年），奉祀全真龙门第七代律峤王常月坐像。在东西室壁上嵌有元书法家赵孟頫书《道德经》《阴符经》，被看作是白云观的稀世珍宝。

八仙殿建造于清嘉庆十三年（1808 年），道教 8 位神仙被奉祀于殿内，即钟离权、吕洞宾、张果老、曹国舅、何仙姑、蓝采和、铁拐李、韩湘子。

元君殿建于清乾隆二十一年（1756 年），天仙圣母碧霞元君居正中，送子娘娘、催生娘娘居于左，限光娘娘、天花娘娘居右。

元辰殿建于金章宗明昌元年（1190 年），以前叫瑞圣殿，俗称六十甲子殿。中间供奉斗姥元君，被称为北斗众星之母。

白云观后院的云集园于清光绪十三年（1887 年）建造。园内有相连的庭院，假山环绕其间。东山有友鹤亭，西山有妙香亭。园内其他建筑很多，门上有书刻，比如"别有洞天"等。

白云观珍藏着《道藏》，文物字画也多有收藏。《道藏》是道教经典著作，长久以来被视为珍宝，"非经不可以明道"。在金元时期，白云观所藏《万寿道藏》经版、《大金玄都宝藏》、元《道藏》在元朝的时候被焚毁。在明正统九年（1444 年），白云观又得到了新刊的《正统道藏》。这部《道藏》一直被视为后世的蓝本，更可贵的是在观中得到了完整的保存。为了能更好地保护这一文化遗产，其已经被转移到北京图书馆收藏。现在白云观内仍藏有明道藏 3000 余卷。

## 陕西楼观台与亳州太清宫

楼观台位于陕西省周至县终南山麓。此处为历代仙逸羽士隐居之所，道教将其视为"洞天之冠"。而终南名胜中最好的就是道教庙宇楼观台。

在道教传播的时候，周代函谷关令尹喜曾经将其故宅建成楼，以便观测星象，所以称作草楼观或楼观。道教庙宇之所以被称作道观，最初也是为了观天象，故也被称作"观"。据说，尹喜仰观天象的时候，突然看到从东边有紫气传来，吉星西行，此种情形表示有圣人要过来。当时老子西游，由楚入秦，经函谷关。尹喜乃前往迎拜老子，请入楼观，而且请求其著书，以传后世，老子在这里讲授道德五千言，随后玄风大起，所以楼观成为最早的道教圣地，被称作"天下道教祖庭"。

楼观道教，始于后晋，盛于唐代。李渊父子兴兵晋阳的时候曾经得到道士歧晖的帮助，他造说李渊父子是太上老君李聃后裔，所以应当能够平定天下，所以李渊推老子为远祖，大兴道观。在高祖武德三年（620 年），降诏改楼观为宗圣观，把楼观看作是李氏宗门圣地，而且还不断扩建庙宇。可见其对道教的重视程度是非常高的。

在金代末年，皇权失驭，战乱频仍，庙宇大部分被毁灭。从此之后，楼观道教逐渐走向衰弱。在元丙申年（1236 年），邱长春弟子尹志平立志复修楼观。经过多年的努力，楼观终于恢复原貌。修复后的楼观更是秀美。从此之后，楼观世居全真派道士，成为全真道宫观。在元世祖中统元年（1260年），朝廷命升"观"为"宫"，而且沿用了"宗圣"之名，而且有很多建筑，如三清、紫云衍庆楼、景阳楼、宝章楼……其中古楼观的中心是宗圣宫。后来因为洪灾和战祸，其渐渐衰败。到清代，宗圣宫仅存残迹，已无法修复。但是庆幸的是，老子的说经台却完好地保存下来。清末以后，统言古楼观和老子说经台为楼观台。说经台建在终南山麓一突起的峰顶。顺说经台山门，有石阶盘道通至台顶。山门两旁，有相对的钟、鼓二楼。进山门之后，会看到四个主要殿堂，即老子祠、斗姥殿、救苦殿和灵宫殿，而且有太白、四圣二配殿。

出说经台之后向北 2 里多路就是宗圣宫的遗址。宗圣宫是唐代建筑，原本气势恢宏，但是因为经常遭到破坏，所以已经没有了原貌。在遗址偏东处，有一棵柏树苍劲青葱，传说老子在此处拴过青牛，故称"系牛柏"。

据说老子出生在亳州，太清宫在亳州真源县（今河南鹿邑县）城东隅。老子被道教中人称为太上老君。在汉桓帝延熹八年（165年），梦老子降于庭殿，遂"使中常侍管霸之苦县，祠老子"（《后汉书·桓帝纪》），而且命人记述此时。后来，老子的祠堂就建在这个地方。

在隋文帝开皇六年（586年），诏亳州刺史杨元胄在进行考察的时候，在这里营建祠堂。当时除有"雕楹画拱，垒石可相扶"等建筑外，还建有老子的神像，以及侍卫仙侣。

在初盛唐时期，老子祠得到了大规模的建造。李唐皇朝追推老子为宗室远祖，而且对其能力夸大宣扬。在唐太宗贞观元年（627年），敕修其祠庙，并创例给五十户以供洒扫。高宗乾封元年（666年）亲谒老子祠，将老子追尊为太上玄元皇帝，而且改老子祠为紫极宫。在唐玄宗开元二十九年（741年），诏两京各置玄元皇帝庙一所。次年，诏"亳州真源县先天太后及玄元庙各置令一人"。真源县的玄元庙盖也就是东汉老子祠。在天宝二年（743年），改西京玄元庙为太清宫，东京玄元庙为太微宫，诸州玄元为紫极宫，而且追封老子的母亲为先天太后，而且在谯郡设立庙宇来奉祀。同年九月，诏"谯郡紫极宫宜准西京为太清宫，先天太皇及太后庙亦并改为宫"（《旧唐书·礼仪志四》）。从此之后，老子祠定被定名为太清宫。

唐皇朝尊太清宫为宗室祖庙，并不是一般的道观可以比拟的。在天宝四年（745年），唐玄宗亲谒亳州太清宫。在天宝九年（750年），进而制令："自今已后，每亲告献太清、太微宫，改为朝献，有司行事为荐献。"在公元751年，唐玄宗制令每荐献太清宫时，需要事先亲授祝版，随后才能赴清斋之所。可见，老子被推到了很高的地位。

据杜光庭说，亳州太清宫的建置源流及规模，"历殷周至唐，而九井三桧，宛然常在。武德（唐高祖年号）中，枯桧再生。天宝年再置宫宇。其古迹，自汉宣、汉桓增修营葺，魏太武、隋文帝别授规模"。唐时规制，其地有"两宫二观，古桧千余树，屋宇七百余间，有兵士五百人镇

楼观台

卫宫所"。

北宋时，太清宫又复兴盛起来。宋太祖、太宗及哲宗、徽宗等，多次遣使诣太清宫醮祭，敕令营修宫宇。大中祥符六年（1013年）、七年，皇帝两次亲诣太清宫，并亲奉册书，上尊号为"太上混元上德皇帝"。

靖康之乱后，太清宫被盗贼侵扰，宫殿楼阁及像设器物，在盗夺之余，为盗贼一烧而尽。其后有道士往来修葺，历时六十余年，修复了太极殿及转轮大藏（藏经楼），又修建了三清、玉帝二大殿，灵宝、五师、九曜、十二元辰、四圣、三官等小殿宇。金大定甲辰岁（1184年），知宫郭居明率道众三十余人营葺护理，太清宫道教得以恢复。金宣宗贞祐二年（1214年），太一道第四代祖师萧辅道受命提点太清宫，太清宫道教复因太一道之势盛而盛。据载，金代给道士特别优待。

金元之交，太清宫再罹兵燹之灾，又逢洪水之害，所有楼台宫殿，一时漂荡无余。

元朝建立后，邱处机弟子张志素等先后来主太清宫事，建造了很多殿堂，太清宫亦自此为全真道大宫观。但历明一代颇见废坠，仅存大殿15间，为清初重建，余有历代碑刻，被列为河南省重点文物保护单位。

## 🥄 五岳的道观

山岳崇拜在中国由来已久。五岳是指东岳泰山、西岳华山、中岳嵩山、南岳衡山、北岳恒山。古老的神话传说，以为天体拱而圆，地体平而方，天与地交于四角，有四根天柱支撑着，叫作四极，后来共工与颛顼帝争当天子，没有取胜，怒而触不周之山，将天柱也震折了，于是女娲斩断巨鳌四足以立四极，又将天重新支撑起来。平而方的地有四角四边，如何才能不崩塌呢？传说是用大绳子维系着，所以叫作四维。地以四维捆系为一体，天立在地上，那么地又立在什么上面呢？一种传说称，大地是由巨鳌背负的。巨鳌稍有所动便会引起地震山崩、洪水泛滥等灾害。巨鳌一旦翻身，那就天翻地覆了，所以要有高大雄伟、坚不可摧的东西将巨鳌

崇福宫

镇压住，保护天下的太平。五岳占据东西南北中五个方位，镇住了大地的四角和中心，因此五岳便成为民众平安生活的保护神，特别受到民众的崇敬和奉拜。五岳各方，喷薄风雷，蒸腾云雨，积蕴宝藏，一般名山巨镇难与之相比。

嵩山位于河南省登封县境内，在古代被称为太室或天室，它是我国著名的五岳之中岳。嵩字的本义是高。《诗经》有云："嵩高为岳，峻极于天。"其山势陡峭险峻，气势宏伟。嵩山分东西两支。东为太室山，西为少室山。两山各有三十六峰，其雄姿巍峨，是历代仙羽栖身修炼之所。因此在这里留下了很多典故。嵩山风景独特，虽然道观不是很多，但是古迹却非常多。登封县城东北五里的崇福宫，相传是汉武帝创建，原名万岁观，唐时改称太乙观，在宋代道教较为兴盛的时候，升观为宫，改名崇福。在宫内建有启母殿，在汉武帝祭祀中岳的时候，看到了启母石，所以建启母庙。

中岳庙位于嵩山东麓，原名"太室祠"。中轴线殿宇 11 进，即中华门、遥参亭、天中阁、配天作镇坊、崇圣门、化三门、峻极门、嵩高峻极坊、中岳大殿、寝殿、御书楼。它们都是清代宫殿式的建筑。其最初建于秦朝，但是后来又有所增加。宋末到清初之间曾经遭遇过火灾。在清朝乾隆年间进行了重修，修成后规模宏大，颇为壮观。

中华门，原为木建牌楼，后来改为砖瓦结构的牌坊，它是进山的第一道门坊，东西两侧依次为东朝庭、古神库、四岳殿台、廊庑、御香亭、御帛亭。两侧还有其他附属建筑，如太尉宫、火神宫、神州宫、祖师宫及九龙宫。

天中阁是中岳庙大门，门前有一对雌雄石狮，阁下为墩台，上建楼阁，台上刻有"中岳庙"三字，在字下有圆形拱门，所有的一切都如同浑然天成。

中岳大殿，又名峻极殿，它是中岳庙最大的殿宇。殿顶雕有游龙天花板。殿中龛内塑有中天王像，龛外左为方弼、右为方相两位镇殿将军。在其东殿角架有千斤铁钟。

古神库位于崇圣门东侧，由于宋太祖赵匡胤在重新修建中岳庙的时候，把原先被损坏的神像埋在这里，所以被命名为古神库。神库的四角分别由四个铁人镇守。这四个铁人对于研究中国古代的冶铸业提供了史料。

东岳泰山位于山东中部，是五岳之首，其山势险峻，海拔较高。从秦汉时期开始，历代封建帝王平定天下后，都会到泰山祭拜神灵，"封泰山而禅梁父"，祈求根基稳固，天下太平。

自古以来，泰山就是儒释道繁盛之区，所以被列为道教三十六洞天的第

**游客参观碧霞祠**

二洞天，名曰莲玄洞天。其仍然在泰山道教祠庙中残存，其中最为出名的就是供奉东岳大帝的岱庙和碧霞元君祠。两座神祠位于不同的地理位置，一在山麓，一在山巅，而两位神灵则分别主死和主生。岱庙供奉泰山神主东岳大帝，它是宋真宗大中祥符年间（1008—1016年）在汉唐旧址的基础扩建而成的。天贶殿是其主体建筑，它在大中祥符二年（1009年）建成，其内主要是奉祀东岳大帝。天贶殿与曲阜孔府大成殿、北京故宫太和殿，同为我国古代三大著名的宫殿式建筑。殿顶采用重檐庑殿式，而且殿顶覆盖着黄色琉璃瓦。整个大殿矗立于高2.6米的雕栏平台上，器宇轩昂。殿内墙东、西、北三面都有壁画，也就是泰山神启跸回銮图。壁画内容人物多变，人与风景和谐统一，艺术价值非常高。

除了岱庙之外，宋元时还在泰山岱宗坊东建有酆都庙，主要是奉祀酆都大帝，而且还有十殿阎罗王。除此之外，还建设了嵩里山祠，塑置阴曹地府七十五司。

泰山岱顶碧霞祠供奉的碧霞元是驻足泰山的一位道神女神。碧霞祠建于东岳泰山之巅，是碧霞元君的上庙，从宋代开始建造。传说宋真宗在大中祥符元年（1008年）登泰山封禅，而且当他在泰山顶上的玉女池中洗手的时候，有"一石人浮出水面，出而洁之，玉女也"（《嵩庵闲话》）。所以，他马上派人用玉石雕刻，为石龛祠之。第二年，在这个地方建立了昭真祠，号为圣帝玉女，册封天仙玉女碧霞元君。金代改昭真祠为昭真观，在明朝初年开始重建，号"碧霞元君"。扩建于明宪宗成化（1465—1487年）年间，赐额"碧霞灵应宫"。清代复称"碧霞祠"，至今仍然沿用。

华山位于秦岭东段，是我国著名的五岳之西岳。华山气势雄伟，岩洞幽邃。华山是道教三十六小洞天的第四洞天，石洞中最为著名的是水帘洞、西元洞、正阳洞和昭阳洞。水帘洞又名石仙洞，很少有人能够来到这里。华山的玄妙幽邃吸引了很多的游人来这里修身养性。唐代是道教的鼎盛时期，唐高祖、唐太宗都曾到华山拜岳，而且金仙公主曾在华山修道，唐玄宗为她修建了仙姑观和白云宫。在五代时期，道教学者陈抟利用在华山40多年的时间写成了一系列的著作，如《指玄篇》《无极图》《先天图》……他的思想深刻影响了后来道教的发展。陈抟的《无极图》，对内丹道法进行了系统总结，为宋以后道教修持方法的理论奠定了坚实的基础，而且又以其独辟蹊径的易、老之学，开启了图书易学及宋儒理学的契机，被道教奉为"老华山派"的祖师。迄今为止，在华山上还保存着很多关于他的遗迹。

在金元时期，华山成为全真道道场。而且王重阳的不少弟子也长期居住在这里，如王处一、郝大通、谭处端……王处一撰写《华山志》1卷，开创全真嵛山派。而郝大通开创华山派，而且一直传到后代。在明代时期，朝廷设宫，其作用就是管理道教事务，而且修建了不少宫观，开辟登山之路。现在被保存下来的建筑主要有东道、群仙观、王母宫、镇岳宫、玉女祠、翠云宫、西岳庙、玉泉院等。

西岳庙是华山最主要的道观。它兴建于汉武帝时期，在北魏时期，旧庙已经被毁，后来移址重建，成为华山第一大庙。西岳庙的主殿是"灏灵宫"，用来奉祀华山神。庙内有北周的岳庙碑和唐代的岳庙精享昭应碑。在西岳庙之后还有藏经楼，有很多藏书。

除此之外，较为有名的建筑还有玉泉院，建在人进入山中时必须经过的途中。在院内有一眼清泉，据说因为它与山顶镇岳宫玉井相通，所以被称为玉泉。玉泉院本来是陈抟隐修的地方，在宋皇祐年间（1049—1053年），他的弟子贾得升在这里建"希夷祠"来奉祀陈抟。"希夷祠"是玉泉院的主体建筑。在其主殿内主要供奉的是陈抟塑像。而且院内有慈禧太后写的"道崇清妙"和光绪帝手书的"古松万年"匾额。玉泉院中有着各式各样的建筑。希夷洞内有宋代石刻陈抟卧像。

离玉泉院十公里处是东道院。它的原名为九天宫，现如今院中仍然供奉着九天玄女。镇岳宫也被称为上宫，它位于华山东峰、南峰、西峰间的山谷中，蔚为壮观。宫前有玉井，泉水沁人心脾。宫内大殿供奉西岳大帝少昊金天氏，西边有药王洞，供奉药王孙思邈。现如今，玉泉院、东道院和镇岳宫都已被列为全国重点道教宫观。

北岳恒山也被称为"太恒山""元岳""常山"，它位于山西省浑源县城南。恒山的走向是从东北向西南延伸，山势雄伟，自古以来就是兵家必争之地。道教称此山为第五小洞天。山上有很多怪石和古树，而且还有18座道观庙宇，被称为18胜景。到现在为止，仍然保存的有朝殿、会仙府、九天宫、悬空寺等十多处。朝殿，也被称为北岳庙，其坐落于主峰之下，规模特别大。

中国古代道士
ZHONG GUO GU DAI DAO SHI

南岳大庙

山门两旁，有青龙、白虎二殿。殿前碑石林立，这说明北岳有着悠久的历史。

南岳衡山又名"岣嵝山""虎山"，其位于湖南衡山县境内。道教将其称为第三小洞天。山上文物古迹众多，既是佛教名山，又是道教名山。现存道教建筑有很多，如南岳大庙、黄庭观、祝融峰顶的老圣殿及峰下玄都观……南岳庙位于衡山脚下，其规模特别大，从唐开元十三年（725年）开始建造，后来又不断重建和扩建。现存建筑系清代光绪八年（1882年）重修，包括正殿、寝宫、御书楼、盘龙亭等建筑。整个庙宇有九进，大门上写有"天下南岳"四个大字。正殿中央供奉"南岳司天昭圣帝"，也就是祝融神君。

## 知识链接

### 隋唐嵩山道士

隋唐时期，洛阳是两京之一的东都，凭此近水楼台，很多道士在嵩山修道，嵩山道教进入繁荣时期自然也产生了不少著名于世的高道，比如上清派宗师潘师正、刘道合、田游岩、吴筠、司马承祯、李含光、王希夷等都曾隐居于嵩山，这又使得嵩山名声大噪。如茅山宗十二代宗师司马承祯，少而好学，不愿为小吏，21岁时度为道士，师事当时的名道潘师正。潘氏当时隐居嵩山，司马承祯就是在嵩山尽传其符箓及辟谷导引服饵之术，并获时名。武则天闻其名后，召司马承祯到东都洛阳，并降手诏以赞美之。所以，高道与名山从来都是相得益彰。

# 第三章

# 道教与道士

　　道教正式成立后，就对信仰道教的人士做了详尽的规定，如道士的各种称谓，道士应遵循的清规戒律。这不仅仅是道教发展成熟的一个重要标志，也是道士与其他宗教信徒相区别的标志。

## 第一节 道士的称谓

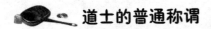 **道士的普通称谓**

道士因信仰道教而皈依之，履行入教的礼仪，自觉自愿地接受道教的教义和戒律，过那种被俗世视为清苦寂寞而他们却视为神圣超凡的宗教生活。同时，道士作为道教文化的传播者，又以各种带有神秘色彩的方式，布道传教，为其宗教信仰尽职尽力，从而在社会生活中，也扮演着引人注目的角色。

官方、民间、道士之间的称谓有很大区别，所以就产生了很多称谓。在这里，我们首先需要了解的是"道士"这个称谓。对于"道士"的称谓，周高德将其分为"普通称谓""尊敬称谓""特殊称谓""互称与自称"和"教职称谓"五类。下面我们就简单了解一下。

1. 道士

据《楼观本纪》记载，道士这个称谓出现于周穆王时期。根据其介绍，我们知道周穆王特别喜欢黄老。然后拜师杜冲，追仰遗迹，崇构灵坛，召集四方之人来绍玄业，"朝野以其弘修道事，故以道士为号焉"。但是，在早期道教的《太平经》中没有道士这个称谓，可能是道教徒自己命名的。

在我国历史上，"道士"的含义很广泛。在汉代时期，道士有一个意思是有道之士，汉董仲舒《春秋繁露·循天之道》言："古之道士有言曰：'将欲无陵，固守一德'。"而这里所提到的道士就是有道之士。其次，道士也指有道术的人，除指"五斗米道""太平道"的信徒外，方士、术士及僧侣也可以称为道士。"方士"本指从事巫祝术数的人，后来多指那些能求仙药、通鬼神的人，这些人也被称为道士。

在隋唐之后，道士这个词专指道教信徒。唐《道典论》有"道士"条，引用《太上太真科经》称："凡开辟之初，圣真仙人，皆宣道气，立法相传，同宗太上，俱称学士，以道为事，故曰道事。道事有功，故号道士。道士者，以道为事。"

道士有出家与不出家之分。不出家的也称为称"居士"。在金代和元代之前，所有的道士都是不出家的。金代全真教等创立后，确定了出家制度。道士分全真和正一两大派。全真派道士是出家道士，他们从来不结婚，只吃素食，居住于道观中。男为道士，女为道姑，所有的人都留长发，然后将其绾成发髻，可以戴帽子，男士也可蓄胡须。正一派道士可以结婚，吃荤。而那些不出家的道士又被称为"火居道士"。不出家的正一道士，有一部分在宫观中活动，而有些则没有宫观，而是散居。平时，他们穿着俗装，然后居在家中。正一道士多为男性，与常人打扮无异。

2. 道人

最初，道人与方士意思基本相同，最早出现于《汉书·京房传》："道人始去，寒、涌水为灾。"注云："道人，有道术之人也。"在道教被创立之后，道人一词曾专指道士。在南北朝时期，道人曾经专门指沙门，有意与道士区别开来。如刘义庆《世说新语·言语第二》中记载：有一次，名士、大官僚刘惔在司马昱处遇见和尚竺法深，于是就嘲讽他说："道人为什么也奔走朱门？"听到对方这样说，竺法深慢慢地回答说："在你眼中，这里是朱门，可在我眼中，却与蓬户无异。"所以这里的道人就是沙门。在唐朝之后，道人泛指有道术的人，或者被称为道士。

即使是在现在，很多地方仍然将道教的神职人员称为道人。

当然，也有一些地方将道人与道士混用。例如，在《西游记》中，吴承恩在"道人"与"道士"所指的意思是相同的。例如，在孙悟空降服猪八戒时，两人有一段对话，也提到了"道士"：那怪（按：即指猪八戒）笑道："睡着，睡着！莫睬他！我有天罡数的变化，九齿的钉钯，怕什么法师、和

尚、道士，就是你老子有虔心，请下九天荡魔祖师下界，我也曾与他做过相识，他也不敢怎的我。"

### 3. 黄冠

在早期，信奉道教的人所穿服饰仍然沿袭黄帝时期的衣冠，《至道太清玉册·冠服制度章》："古之衣冠皆黄帝之时衣冠也，自后赵武灵王改为胡服，而中国稍有变者，至隋炀帝东巡使于畋猎，尽为胡服，独道士之衣冠尚存，故曰有黄冠之称。"后人则依据道士衣冠的颜色，把黄冠作为道士的别称。在《唐诗纪事》卷50载唐球《题青城山范贤观》有"数里缘山不厌难，为寻真诀问黄冠"的诗句，其所说的是要向道人问道，千万不要怕困难，但要清楚，古时男道士用黄冠称呼，女冠指女道士。

### 4. 乾道、坤道、道姑等

道姑或女道是专指女性道士。但泛指道士时，也可以包括女道。在道教典籍中，男道士也称为乾道，女道士则相应地称为坤道，这反映了男为阳、女为阴的阴阳观念。

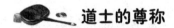

## 道士的尊称

道士的尊称有以下几个：

### 1. 羽客

"羽衣""羽士""羽人""羽流"等，皆为道士的别称、尊称。《汉书·郊祀志》："五利将军亦衣羽衣"，注云："羽衣，以鸟羽为衣，取其神仙飞翔之意也。"后人借用"羽衣"来称呼道士或仙人。晋王嘉《拾遗记》："燕昭王梦有人衣服并皆羽毛，因名羽人。梦中与语，问以上仙之术。"以鸟羽比喻仙人可飞升上天，羽人就是指仙人。《幼学琼林·卷四·释道鬼神类》："羽客、黄冠，皆称道士。"宋代米芾《西园雅集图记》："雄豪绝俗之资，高僧羽流之杰，卓然高致，名动四夷。"《西游记》七十三回："黄芽白雪神仙府，瑶草琪花羽士家。"其中"黄芽白雪"即是指道家丹药，"瑶草琪花"是仙家种的奇花异草，"羽士"则为道士。

这些别称之前冠以"羽"字又是何意呢？"羽"本是羽翼，与道士神仙之长生长寿有关系，有飞升成仙之意。《楚辞》提到了神话中的飞仙"羽人"，洪兴祖补注："羽人，飞仙也。"道士修道之最高目标，即是飞升翱翔于云雾缥缈的天上而成仙。因此，道士称为羽人、羽流、羽士等，故得道成仙又称为"羽化登仙"。宋代大文学家苏轼《赤壁赋》"飘飘乎如遗世独立，羽化而登仙"即是此意。

2. 天师

从广义来讲，所谓天师是指对得道者一个较为尊敬的称呼。张道陵以"五斗米道"大行于世，其子衡、孙鲁则广为传布，所以信教的人都将张道陵称为天师，而"五斗米道"又称为"天师道"。从狭义方面来说，天师就是指张道陵及其后裔张衡、张鲁等。

后来，随着道教的不断发展，天师也可以指对道教做出过突出贡献的教徒，如寇谦之、焦子顺、杜光庭……除此之外，那些道行较高的道士也可以被称为天师，比如元代吴昌龄之杂剧《张天师断风花雪月》中的张天师就是这样的一位道士：

陈太守领张千上，云：老夫陈全忠。今日张真人回信州龙虎山修行去？要来作别。张千，门首觑着，若真人来时，报复我知道。

张千云：理会的。

外扮天师引道童上："……贫道姓张，双名道玄。祖传道法，戒箓精严。三十七代，辈辈流传。驱使遍三界神祇。剿除尽八方鬼怪。布袍轻拂。须史地动天惊。草履平那。顷刻星移斗转。云游天下，普救众生……左右报复去，道有张道玄特来拜辞。"

张千云："报相公，有张道玄来拜辞哩。"

3. 先生

在我国的古代，先生这个词有很多意思，据《辞源》记载，"先生"一词有六个义项：（1）始生之子，犹今言头生。《诗·大雅·生民》："诞弥厥月，先生如达。"达，羊羔。

道士雕塑

（2）父兄。《论语·为政》："有酒食，先生馔。"（3）年长有学问的人。《孟子·告子下》："先生将何之？"注："学士年长者，故谓之先生。"《韩诗外传六》："问者曰：古之谓知道者曰先生，何也？犹言先醒也。"后又用作对年长者的尊称。（4）老师。《礼·曲礼上》："从于先生，不越路而与人言。"注："先生，老人教学者。"今称老师为先生，本此。（5）文人学者自称。《史记·三代世表·序补》："张夫子问褚先生曰。"褚先生是褚少孙自称。晋陶潜《陶渊明集》有"五柳先生传"，五柳先生是陶潜自称。（6）妻称丈夫。《列女传二·楚于陵妻》："妾恐先生之不保命也。"另外，古代时期那些相卜、行医、看风水等人也被称为先生，《史记·淮阴侯列传》："韩信曰：'善。先生你看看我的命相如何？'"

对于道士来讲，这是一种尊敬的称呼。《三国志·吴书·孙破虏讨逆传》注引《江表传》称："时有道士琅邪于吉往来于吴会，人多师事之，孙策母尊其为'于先生'。"又《西游记》第四十四回"法身元运逢车力，心正妖邪度脊关"写孙悟空为探听情况，就变成一个游方道士前去打探，对方就称他为"先生"，其原文为：

（好大圣）去郡城脚下摇身一变，变做个游方的云水全真，左臂上挂着一个水火篮儿，手敲着渔鼓，口唱着道情词，近城门迎着两个道士，当面躬身道："道长，贫道起手！"那道士还礼道："先生哪里来的？"……

从东晋以来，把道士称作先生的情况较常见，并依其本命干支所属五岳方位而称"某岳先生"，或者是按照自己的志向或者是道行，自称"某某先生"。《太极真人敷灵宝斋戒威仪诸经要诀》规定："学士若能弃世累，

道教鼻祖张道陵雕像

有远游山水之志，宗极法轮，称先生，常坐高座读经，教化愚贤，开度一切学人也。假令本命寅卯属东方二辰，称东岳先生。四方效此辰，（如）戌丑未生，称中岳先生。若复清真至德，能通玄妙义者，随行弟子同学为称某先生。某人钩深致远，才学玄洞，志在大乘，当称玄称先生，或游玄先生、远游先生，或宣道先生、畅玄先生……先生者，道士也。"这可以看成是道教中的范例。

在南朝宋之后，朝廷多赐予谥号给道士，称某某先生，如"简寂先生"（陆修静）、"贞白先生"（陶弘景）、"贞一先生"（唐朝司马承桢）……当然，在生前也是可以赐号的，如"玄静先生"（唐朝李含光）。在宋代时期，被赐予先生的封号，可以被看作是一种荣誉，而且其地位高于大师。如周世宗赐陈抟号为"白云先生"，宋太宗赐其"希夷先生"。

4. 法师

所谓法师是指精于道法，而且可以为人师表的人。另外，在道士中，能够主行法事的人也被称为法师。《唐六典·祠部》所记："道士修行有三号，其一曰法师，其二曰威仪师，其三曰戒律师，其德高思精，谓之炼师。"在道教历史中，道教鼻祖张道陵是第一个享受法师尊号的人。《云笈七签》卷6："汉末，有天师张道陵精思西山，'太上'亲降，汉安元年（142年）五月一日授以《三天正法》命为天师……其年七月七日又授《正一盟威妙经》《三业六通之诀》，重为三天法师正一真人。"

那法师是指哪些道士呢？《洞真太上太霄琅书》卷6称："凡同学德高年大，受法多而久者，常为法师……次者行事少而有才德，众所推者，可为法师。"也就是道德高尚，道学修养深厚，而且较为年长的人都可以称为法师。又刘宋陆修静《洞玄灵宝斋说光烛戒罚灯祝愿仪》中"法师"条称："经云：当举高德，玄解经义。斯人也，道德内充，威仪外备，俯仰动止，莫非法式。三界所范，鬼神所瞻，关启祝愿，通真召灵，释疑解滞，导达群贤。"其意思是说法师除了道德高尚外，还要精通教义，其言行必须要符合道家规定。

5. 大师

所谓大师是对道士的尊称。在六朝时期，道经中已经出现了大师这个词。《太上大道玉清经》卷6《昭灵品卷第15》称："尔时复有色、欲二界，六群邪仙八万四千人，性好论议，常于下界较其神力，善习幻化，心

意矜高，自号大师。"从这段文字来看，我们可以知道，大师是一个尊称和名位。在唐宋间，封建王朝为了更好地控制道士为己服务，增强其荣誉感，所以就赐给他们道士紫衣和师号，称其为"某某大师"。例如，聂师道（843—911年）封号"遥逍大师""问政先生"，王栖霞（890—952年）封号"玄博大师"。

除此之外，还有一些道士被称为国师，如王远知、申仙翁、朱自英、丘处机……他们的道品都较为高尚

以道教发展的历史来看，那些大师大都是皇帝所赐予当时有道之士的。

6. 炼师

所谓炼师就是修炼高深的道士。起初是指修习上清法者。《唐六典》卷4云："道士修行有三号：其一曰法师，其二曰威仪师，其三曰律师。其德高思精，谓之炼师。"上清修炼法被唐统治者特别重视。例如，唐睿宗、玄宗皆称司马承祯为"司马炼师"。

炼师与法师是有区别的：法师侧重于传授经箓、修斋行道，炼师侧重于修炼内外丹。

7. 律师

所谓律师是传授戒律的老师。在早期，道教戒律由法师传授，还没出现律师这一称谓。从唐朝之后才出现了律师的称谓。后世全真道重视戒律，律师称号颇尊。根据《金盖心灯》记载，全真龙门派称其各代主要传人为律师，如第七代王昆阳（名常月）律师，第八代伍冲虚律师等。

8. 道长

道长是对道士的尊称。例如，上文提到的《西游记》第四十四回，当孙悟空变成道士前去打探情况时，把自己遇到的道士尊称为道长。一般情况下，道士都可以被尊称为道长，只是在某些特定的情况下，道长才单指宫观负责人。

教外人除了尊称道士为"道长"外，还可以将其尊称为"师父"或"道爷"。由于道教主张男女平等，所以称女道士也是"师父"或"道爷"。

除此之外，人们将那些修炼丹法达到很高境界的人称为"炼师"，尊道全德备的道士为"大圣"。在这里需要特别指出的是，上面所提到的尊称都是根据道士的修行来称呼的。

##  自称、互称与特殊称谓

### 1. 自称与互称

道士自称与互相之间的称呼有以下几种：

（1）某（指姓）爷：指道士与道士之间互称（不分男女老少），姓张称"张爷"，姓李则称"李爷"。

"十方常住"道众，各司其职，均为执事，如不愿称对方为"某爷"，而尊称某执事名称时，则在其执事后加"老爷"字，如叫监院为"监院老爷"，知客为"知客老爷"等。对子孙庙（小庙）住持，则称"当家老爷"。

（2）老修行：同道第一次见面，互相不认识，欲问其姓，则需向对方一面行抱拳礼，一面问询："老修行，您老仙姓？"答者亦还礼："您老慈悲，弟子称不起仙姓，俗姓'某'。""老修行"是一种尊称，是指德高望重的道士。

（3）贫道、弟子：出家道士对教外之人自称"贫道"，对同道自称"弟子"。前者如明代白话小说《醒世恒言》第二十二卷"吕纯阳飞剑斩黄龙"中，道士吕洞宾就多次自称"贫道"。

洞宾吃罢斋，支衬钱五百文，白米五斗。洞宾言曰："贫道善能水墨画，用水一碗，也不用笔，取将绢一匹，画一幅山水相谢斋衬。"众人禀了太尉，取绢一幅与先生。

此外，明清小说《三国演义》《西游记》等也有这样的例子。

弟子，旧称学生或徒弟，道教也借为己用，如道教徒称自己为"太上弟子"或某派第几代弟子。

（4）道友、道兄：同道中人，在初次见面或者是初次写信交流的情况下，都将对方称为道友或道兄，无论男女都一样。

除此之外，如果是拜同一个人为师父时，后拜的人要称先拜师者为"师兄"，而自己要称为"师弟"。称自己师父的老师为"师爷"，称师爷之师为"师太"，如果再往上的话就是"老师太"。而师爷的师兄弟统称师爷，称师父的师兄弟为师伯或师叔。总而言之，辈分在道教中很常见，但互称道兄或道友的情况也很常见。

2. 特殊称谓

从道士的特殊称谓上来看，主要有两种，即真人和祖师。

（1）真人。道家认为存养本性或修得真道的人即为真人。真人这个称谓起源于先秦。《黄帝内经素问·上古天真论》记载："黄帝曰：余闻上古有真人者，提挈天地，把握阴阳呼吸精气，独立守神，肌肉若一，故能寿敝天地，无有终时，此其道生。"即在上古时期就有真人，他们懂得自然界的规律，而且懂得利用自然宇宙中的精气来保养肌肤，永葆青春。

关于"真人"，庄子在《庄子·大宗师》里有一段更详尽的"论述"。他说："古之真人，不逆寡，不雄成，不谟士。若然者，过而弗悔，当而不自得也。若然者，登高不栗，入水不濡，入火不热，是知之能登假于道者也若此。古之真人，其寝不梦，其觉无忧，其食不甘，其息深深。真人之息以踵，众人之息以喉。屈服者，其嗌言若哇。其耆欲深者，其天机浅。古之真人，不知说生，不知恶死。其出不欣，其入不惧。倏然而往，翛然而来而矣。不忘其所始，不求其所终。受而喜之，忘而复之。是之谓不以心损道，不以人助天，是之谓真人。"

这段话的大概意思是：古时候的"真人"，率性自然，不为凡事所羁绊。这种人即使错过了机会也不会感到遗憾，如果能得到机遇，他们也不会扬扬

真武祖师像

自得。这种人登上高处不会害怕，下到水里不会沾湿，即使进入火中也感觉不到灼烧。或许只有达到一定境界的人才能够这样。古时候的真人，在睡觉的时候从来不会做梦，醒过来之后也不会感到忧愁，吃东西时不求甘甜，呼吸时气息深沉。与普通人呼吸不同的是，真人依靠着地的脚跟来呼吸。古时候的真人不懂得喜悦生存，也不懂得厌恶死亡。在获得生命时并不感到欣喜，而在即将死去的时候也不会伤心，只是任凭事物自然发展。从来不会忘记自己的源出之地，但是并不寻求自己即将去什么地方，如同回到了自己的本然，这就是不用心智去损害大道，也不人为去改变自然。这样的人就是

真人。

　　这是庄子的理想人格，他们是修身养性，懂得大道理的人。庄子的这一论述，对道教"真人"有重要的影响，如汉司马迁《史记·秦始皇本纪》记载方士卢生在给秦始皇描述"真人"（神仙）的"本能"时说，"真人者，入水不濡，入火不热，陵云气，与天地久长"，就与《庄子》中的关于"真人"的论述基本相同。

　　道教所谓"真人"，是指修真得道之人，且地位在仙人之上。仙人和真人，都是得道者，真人实际上也可以称为仙人。《云笈七签》证述上清仙境有"高真""玄真"等九种真人。

　　唐代以后，历代帝王称某些道家人物或著名高道为"真人"。如唐玄宗在天宝元年（1742年）赠封庄子为南华真人，文子为通玄真人，列子为冲虚真人，庚桑子为洞虚真人。元世祖于至元六年（1269年）赠封马丹阳祖师为"丹阳抱一无为真人"，谭处端祖师为"长奠云水蕴德真人"，刘处玄祖师为"长生辅化明德真人"，丘处机祖师为"长春演道主教真人"，王处一祖师为"玉阳体玄广度真人"，郝大通祖师为"广宁通玄太古真人"，孙不二祖师为"清静渊真顺德真人"等。又如元宪宗时，真大道道士刘德仁被授予"希成太玄真人"。

　　（2）祖师。祖师为各道派的创始人，是对各道派鼻祖的尊称。例如，正一派尊张道陵为"祖天师"，全真派尊王喆为"重阳祖师"。

　　道教宫观里所供奉的神仙，也可以被尊为"祖师"或"祖师爷"，灵官祖师、药王祖师、吕祖、丘祖、真武祖师等。不过需要说明的是，这并不是对道士的称呼，而是称呼道教徒所奉的祖师。

## 教职称谓

　　在大的道观中，管理体系严密。其实权领导者是监院，而监院是通过道众民主推选出来的，任期为3年。在任期结束之后也可以连选连任，或另选别人。如果监院在任职期间并不称职，道众也可以集体罢免他。监院只有护法常住的责任和义务，根本没有特权。通常来说，只要才德出众都可以竞争这一职位。监院以下的都管、总理、巡照等大执事，是由监院同客寮用协商办法任命的。监院与各大执事需要依靠自觉来管理事务，但是他们之间又相互制约和监督，但这种制约是民主的。虽然执事有大小的分别，但是只在任务上有区别,他们奉行人人平等,无等级差别。另外,那些越辛苦、越低下的苦行职务,越容易得到别人的尊重,甚至在有些时候,他们还能得到连监院也没有的特权。

"十方丛林"执事体制的首领为"方丈",其次"监院","监院"以下的"执事"可概括为"三都五主十八头"和"八大执事"。下面我们就简单了解一下。

1. 方丈

方丈是道教中最高领导者,也可以将其称为"住持"和"观主"。方丈是受过三坛大戒,接过律师传"法",受全体道众拥戴而推选出的道士。在南北朝时期,宫观首领或主持人通常被称为"馆主"。唐朝之后则被称为"观主"。《唐六典》卷4说:"每观观主一人,上座一人,监斋一人,共统众事。"

张三丰祖师像

"方丈"一词,始见于《史记·封禅书》:"齐威王、齐宣王、燕昭王派人到海中寻求蓬莱、方丈、瀛洲三神山。这三座神山,相传在渤海中,去凡间不远。"方丈原指神仙居住的地方,这说明道教借用了方丈的称呼,将其作为对一观之主的称呼。

2. 监院

监院也被称为"当家"和"住持"。其通常是由道众集体选举出来的,负责道观中的一切事务。担任监院的人,一定要足智多谋,并且品德高尚。

监院以下是"三都五主十八头"及"八大执事"。"三都"中民间正一派荐亡道场散坛仪式之"烧孤衣"的都管,作为监院的助手,协助管理所有大小事务。其他两都及"五主十八头"必须各司一职,其地位没八大执事高,为八大执事所统管。

3. 八大执事

即客堂、寮房、库房、账房、经堂、大厨房、堂主、号房。其中客堂,是常住中的一个大寮口。客堂中有主管接待应酬宾客并协助监院处理观中大小事务的知客,他们也可以被看作是监院的后补。《三乘集要》载:"知客应答高明言语，接待十方宾朋，须以深知事务，通达人情，乃可任也。"寮房也是一个大寮口。在无"巡照"或"纠察"人选的时候，"巡寮"负责巡照首领。他需要巡查所有杂事。库房负责人为"库头"，主管器物。账房分为内账房和外账房，主要是管理庙宇的经济方面。经堂执事称"经师"，经师首领是"高功"，主要对法事及诵经进行负责。大厨房的首领被称为"典造"，其主要责任是管理伙食。十方堂的执事为"堂主"，负责管理挂单道友。号房，是挂单道友初到的地方，其执事称作"号房"亦称"迎客"，主要对迎接和了解挂单道友情况负责。

在斋醮仪式中对其他一些教职还有一些特殊的称呼。如醮坛执事，据《金箓大斋补职说成仪》，执事主要有高功、监斋、都讲、侍经、侍香、炼师、摄、清道、词忏……我们在后面将会进行详细介绍。

 **4. 其他称呼**

除了上面所提到的之外，还有其他一些称呼，如"居士""学士""隐士"和"信士"。我们简单了解一下。

（1）居士。居士的含义较为宽泛。《现代汉语词典》（第5版）解释"居士"为"不出家的信佛的人"。居士本来是佛教用语，在佛教的经典中，居士指俗人，梵语称为迦罗越。不论是否信佛，凡是居家之都应当称为居士。男的称居士，女的称居士妇。佛教常常以居士称呼在家的信徒。隋代慧远注《维摩义记》曰："居士有二：一、广居资财，居财之士，名为居士；二、在家修道，居家道士，名为居士。"

然而，在中国，居士并不是最早运用于佛教。早在《礼记·玉藻》中就有"居士锦带"一词，郑玄注曰："居士，道艺处士也。"也就是说，居士是那些具有较高的知名度而又耻于入仕之人。因此，在中国古书中经常会见到一些文人雅士用某居士来作为自己的雅号，如白居易自称香山居士、李白自称青莲居士、苏轼自称东坡居士。当然，这与是否信佛是没有关系的。

（2）学士。所谓学士就是学识非常渊博，入道钻研经学义理，而且以弘扬道教事业作为自己终身职责的人。

（3）隐士。隐士就是隐居起来，对于世间的事情从不过问，学道修仙，道德高尚。如吕洞宾祖师、张三丰祖师等都是这样的人。

（4）信士。信士就是社会名流学者，他们往往著书立说，弘扬道教文化。

在社会中，这样的人非常多。

可见，道教徒的概念是较为宽泛的，它包括道士、居士、学士、信士和隐士……其中后四者没有严格的入教仪式。所以，通常人们所说的道教徒就是道士，而本书中所说的道士即是指这样的人。

总而言之，道教徒的称谓是很复杂的：或尊称或自称，或互称或他称，或据其道行，或缘其德行、年龄、教职等。这些称呼的来源也很复杂，或沿用、或借用、或创造，不一而足。

 知识链接

## 道教祖师诞辰

道教是多神教，既有各宗派共同崇拜的三清四御尊神，也有宗派各自崇拜的祖师神。前者反映出道教的基本信仰及教义，后者则多与地方性的民俗活动有关，演变为影响不等的道教节日。其中许多都是相因成俗的，若详加案考，则往往有不合史实者。不过，道教节日是宗教活动日和民俗活动日，我们即依道教习惯，简列其祖师诞辰如下：

农历正月三日，全真七子之孙不二、郝大通诞辰

农历正月九日，玉皇上帝诞辰

农历正月十五日，天师张道陵诞辰

农历正月十九日，全真七子之五长春诞辰，即燕九节

农历二月初一，全真七子之刘长生诞辰

农历二月三日，文昌帝君诞辰

农历二月十五日，太上老君诞辰

农历三月初三，真武大帝诞辰

农历三月十八日，全真七子之王处一诞辰

# 第二节
# 道士的清规戒律

## 道教科仪

"科仪"是道教常见的术语，在历史上，可以泛泛而指道教的经诰、戒律、规范、礼仪等。从了解和研究道教的角度看，道教之所以被称为道教，不但有其系统的教理教义和信仰，而且有其特定的宗教形式。所谓"科仪"，即通称宗教形式，各个方面。与科仪意义相同或相近的，还有科教、科范、科戒、科律、仪轨等。相比较而言，科仪更能概括相应的教法内容，所以我

《正统道藏》书籍

们采用这个名称。

科与仪虽然连用，但二者有很多区别。"科仪"连称，最早见于《洞玄灵宝道学科仪》。这本书大约是南朝灵宝派的作品，内容包括言语、讲习、禁酒、忌荤辛、制法服、巾冠、山居、斋、醮、燃灯、奏章等，而且各立品目。而唐道士朱法满作的《要修科仪戒律钞》，其内容也包括很多方面，如传度仪范、奉道仪轨、各种斋法、戒律、殿堂造设等

关于"科仪"，涵盖了道教教法的很多方面。它在道教中的意思与社会中的礼法非常相似，内容也非常丰富。道教科仪不仅是一种宗教形式，而且需要有与之相应的主旨内容。早期的五斗米道和太平道，都提倡"以善道化民"，所以，科仪教戒之旨归就是善道。随着不断发展才形成了一套追求至真至善的宗教道德。这些宗教道德，就是科仪形式转变中所蕴含内容的不断发展。与此同时，道教科仪还强调要"佐时宣化"，即充分将礼仪传统与世俗现实结合，"撰古今之中"，通过宗教的方法来厚人伦、敦风俗。

另外，道教科仪的教法也非常风俗。因为其中民俗成分很多，所以内容复杂，分类困难。就其科仪教法而言，涉及道教经籍分类的问题，但是其经籍分类又必须与它的教理意义相联系。古代儒家学者谓道教"杂而多端"，或许这是以经史子集的体系结构作为参照系而形成的一种印象。同样，佛教学者也可以以其经教作为参考，指责道教"都无统序"。当然，产生这种问题不是偶然的。但是道教的七部经教礼系在南北朝时期形成，此后的道教不仅发展教理教义，而且出现了许多新道派，使各种类型的新道书出现。因为七部体系相沿弗革，所以它们的内容和次序结构就容易条理混乱。这是首先必须要面对的一个问题。至于道教科仪的分类，则是在解决大问题之前必须考虑的一个问题。将科仪分为四类，是《道藏》旧有分类题目，它们来源于南朝刘宋时道士陆修静。陆修静以《灵宝经》旧分为十部为基础，创立十二部，其中有四部主要记载了科仪的内容，即戒律、威仪、玄章和表奏。据南朝梁陈时道士宋文明《灵宝经义疏》所载，此四部仪旨如下：

"第六戒律：玄圣所述罪福科目；第七威仪：玄圣所述法宪仪序、斋谢品格，凡六条（按即金箓斋、明真斋等六种斋法）；第十一玄章：赞诵众圣之辞；第十二表奏：玄圣所述传授经文、登坛告盟之仪。"

宋朝时期，明确把玄章改为宋赞诵，成为《道藏》三洞各十二部的定例，一直沿用到明代的《正统道藏》。《正统道藏》把"赞诵"改为"赞颂"，而剩下的全部都按照以前的名称。其中，内容较为明确的戒律类有赞颂与表奏两类，而《道藏》所收书目较为复杂，所以根据最初的义旨，将经颂、诗歌、步虚、青词等归于赞颂类，其行文特点是常用韵语；把礼忏文、奏疏、榜文归于表奏类，其行文特点是有严格的书写格式和措辞规范。

这四类中，威仪内容最复杂，经书最多。在两晋南北朝时期，威仪的主要内容是各种斋法，仪式并不复杂；在唐宋之后，醮的内容逐渐增加，斋醮联称没有明确的区分。斋和醮又都有仪有序。在道书中，两者是没有区别的，都是统称为仪。之所以将其作为两类，是为了更好地研究它们的历史。

在威仪类道书中，有很多部分都涉及道教的诸多方面，如道教的称谓、衣饰制度及教阶制度……这部分内容，常常以品目的形式标立出来。我们将这一部分总结为"行持"这一类。"行持"也是道教的术语，如《道法会元》卷9说："平昔须是熟记，念头不生疑惑，方谓之行持。"即日常行为规范中科仪的内容。

另外，需要特别指出的是，《道藏》所收科仪类书，并不仅限于上面所提到的"三洞"的四类，还有很多，如经忏多收于本文类，"四辅"中也有大量的科仪著作。

## 道士戒律的发展

"戒"有防备、警惕、警戒、告诫的意思，"律"则是指规则、约束条文等。而道教戒律就是指道教约束道士的言行，以防止道士违反道教清规的警戒条文。当然制定戒律的目的是劝诫道士们止恶从善，是道教徒的道德规范和行为准则。《洞玄灵宝玄门大义》中说："戒，解也，界也，止也。能解众恶之缚，能分善恶之界，防止诸恶也。"戒律对教徒的宗教生活和道德要求都做出了详细的规定，戒律是教徒必须遵循的行为准则，同时也是信仰的基础。这些戒律是教徒修行的规范。

道士所遵循的戒律的产生和发展经历了一个发展过程，而且其发生与发展过程与道教的发展有着密切的联系。其具体发展衍变历程如下。

创建和改造期的戒律。在东汉末年，随着五斗米道与太平道创立，道教开始兴起。此道教通过神诰谕方式规律人心，没有正式戒律，如太平道奉《太平经》中有"不孝不可久生诚""贪财色灾及胞中诚"等，这都属于一种劝谏而尚未形成严格的戒律。

据陆修静《道门科略》中指出，在东汉末年，时疫流行，很多人因此而死亡。百姓之中有很多人相信迷信，认为是鬼魅在杀人，所以这就导致了很多人倾尽钱财来祭祀诸鬼，但是情况并未好转。于是"太上患其若此，故授天师正一盟威之道、禁戒律科，检示万民逆顺、祸福功过，令知好恶"。这里所说的"禁戒律科"说明了开始出现一些禁忌、戒律和清规。这段话足以说明当时教戒起着另外一种作用，即为让民众了解祸福功过的原由，借由正确的持戒行善避恶，以达到趋吉避凶的效果。

从东汉到南北朝时期，道教的教团组织开始从民间宗教逐渐上升为社会主流宗教。其间出现东晋葛洪建立道教成仙理论体系，进而在南北朝时期通过寇谦之与陆修静的改造而最终取得成功，渐渐演化成官方化的新道教。从此之后，道教的教规仪范开始定型。而各派的戒律在这一时期也得到了进一步发展而渐趋成熟，出现了正式的戒条。如天师道早期的《想尔九戒》，因为其持守不易，所以就进一步世俗化为《老君二十七戒》，乃至《老君说一百零八戒》。

当然，道教组织松散客观上要求戒律的形成，需要进一步具体制戒，要求所有的教徒遵守纲纪。所以，开始借诸神之旨谕来宣设种种戒律以整纲纪除弊端，这主要是为了巩固道教的社会地位。道教在上层化过程中，对儒家封建伦理思想进行了充分吸收，然后结合道教自身特点形成了这个时期的戒律。所以，此时期的道戒应当是正式成型期。

隋唐至北宋是戒律的兴盛和发展期。从隋朝到唐朝，随着道教教团组织的空前繁荣，一些道士对道教戒律进行了系统的整理与编纂。如张万福的《传授三洞经诚法箓略说》，对各派戒律进行了系统整理，令道门中人明了戒目分类，防止出现混乱。

在唐朝末年，杜光庭把传统的斋戒思想与道门戒律结合起来，建立了道场戒约，主要是为了约束参与道场之道士。

到五代时期，战乱频仍，道教组织受之影响渐趋混乱。后来国家统一，宋朝建立之后，道教组织得到了恢复，并且成为官方祭祀之一，道教的社会功能得到了充分发挥。所以，北宋时期，道教与唐代道教一样，具有明显的官方性质，道教兴盛的最主要原因在于统治者的崇奉。

南宋后至明中叶是戒律的继续发展时期。在南宋时期，因为受北方金国的武力压制，道教受破坏严重。但是，因为社会需要它，所以道教又有了新的发展，在北方金国由民间崛起太一、大道和全真三个新教派，而南方除内丹派南宗与净明道之外，还出现了很多新的派别，此时期宗派纷立。在此期间，因为有新教派形成，所以各派特有的戒律并没有形成。但也有一些门派制定了影响较大的戒律，如全真道《重阳立教十五论》与金丹南宗白玉蟾的《道法九要》……元朝建立后，因为蒙古王朝对宗教实行宽松政策，所以新旧教派逐渐合流。大道教与金丹南宗皆并入全真道，太一道则和其他许多符箓派皆并入正一道。全真、太一就成了中国晚期的两大道教宗派。其中，在元朝初年，全真道更加兴盛，重视教制与戒律成为其特色。

明朝初年，出于封建统治的需要，统治者极为重视道教，特别是世宗。因为他渴望长生不老之心特别强烈，所以使得此时期的整个明王朝变成了一个道教之国。在明中叶前，道教空前繁盛。但是在权贵集身的时候，就出现了腐败现象，道士素质低下，"天下僧道多不守戒律，民间修斋诵经，动辄较利厚薄，又无诚心，甚至饮酒食肉，游荡荒淫，略无顾忌"（《明太宗实录》卷128）。所以就有正一道士张宇初根据这种情况作以训诫道徒之《道门十规》，强调凡是欲修行之道士"必有戒行为先"，即使是宗教领袖，也应"先严戒行，规矩为要，警以罪福因果之报"，他所倡导的即是初期全真派参学苦行之风，对道教界影响深远。

在明朝中叶之后，道教随着封建社会的衰败一起衰落了。进入清朝之后，道教更加衰弱，甚至趋于没落。其间出现了中兴道教的重要人物，即全真道龙门派第七代律师王常月。

在顺治年间，王常月受封为国师，后来又在南京、杭州、湖北武当山开坛说戒，使得全真龙门派出现复兴之势，偏偏又迎合了统治者和民众的需要，道教盛极一时，而且还出现了新的支派。甚至有不少支派流传到近现代。王常月因而被后世道徒誉为龙门中兴之祖，其所立之传戒制度也一直流传至今。

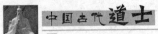

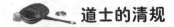 道士的清规

　　戒律之外还有"清规"。戒律出现在前，清规出现在后，但两者目的相同，都是规范众人的行为，防止其作恶。不过，他们目的虽然相同，但各自的作用却不完全相同，戒律"解众恶之缚，分善恶之界，防止诸恶"（《洞玄灵宝玄门大义》），是警戒于事前的行为准则，具有强制性；清规则是对犯律道士的处罚条例，具有惩罚性，是前者作用的延伸。清规作为戒律的补充和发展，在金元之际出现。所谓清规，原本是佛教术语。在佛教中，清规是指僧侣修行过程中必须遵守的规则，而在道教中，清规则变成对犯律道士的惩罚条例。

　　道教清规由各道派或道观自己制定。就全真道清规来说，就有全真清规、教主重阳帝君责罚榜、清规玄妙、清规榜、清规玄范、执事榜等。以上清规，条目有详有略，但内容大同小异。清规作为处罚条例，有极其严格的规定，它按道士所犯过失之轻重，量过行处，轻者处以跪香、劝离、驱逐等，重者则被处死。下面我们介绍一下全真清规。

　　全真清规是金元时期出现的，它保证了道观的正常活动秩序。全真道创立之初，力倡苦修，离俗出家，教风淳朴，有规戒思想而无制度。《真仙直指语录》有马丹阳"十劝"语录，称：一不得犯国法，二见教门人须当先作礼，三断酒色财气，四除忧愁思虑，五遇宠不惊，六戒无明业火，七慎言语、节饮食、薄滋味、弃荣华、绝憎爱，八不得学奇异怪事，九居庵不过三间、道伴不过三人，十不得起胜心。故元人徐琰概括全真教旨为"其修持大略以识心见性，除情去欲，忍耻含垢，苦己利人为之宗"。元初全真道结交权贵，贵盛至极，教风日变，渐离自放草泽、俭朴刻苦之旨，因此，模仿佛教清规订立全真清规。

　　明正统年间（1436—1449 年）修的《道藏》收有《全真清规》1 卷，内容包括指蒙规式、簪披次序、游方礼师、堂门戒腊、坐钵规式、祖师则例、三不起身、全真体用、钵室赋、教主重阳帝君责罚榜、了算子升堂文、长春真人规榜和郎然子家书等。其中"指蒙规式"是指导初入道的童蒙的规戒，"簪披次序"厘定"弃俗簪披"的先后次序，"游方礼师"是规定游方道士的礼仪的，"堂门戒腊"是规定道士在宫观中行止礼仪的；"坐钵规式"是对于全真道士坐钵修持的规定，"祖师则例""三不起身"是对于全真道士在宫观内起居安排和礼仪的规定，"全真体用"则是阐述全真清规体现的教义思想。而关于道士清规的主要是《教主重阳帝君责罚榜》《长春真人规榜》。前者明确规定了对违反清规道士的处罚条例，共计十条：

一、犯国法遣出；

二、偷盗财物、遗送尊长者，烧毁衣钵，罚出；

三、说是谈非、扰堂闹众者，竹篦罚出；

四、酒色财气食荤，但犯一者，罚出；

五、奸猾慵狡、嫉妒欺瞒者，罚出；

六、猖狂骄傲，动不随众者，罚斋；

七、高言大语、作事躁暴者，罚香；

八、说怪事戏言、无故出庵门者，罚油；

九、干事不专、奸猾慵懒者，罚茶；

十、犯事轻者，并行罚拜。

清道光二十二年（1842年）陕西张良庙和清咸丰六年（1856年）北京白云观都有《清规榜》的制定，它们是《教主重阳帝君责罚榜》的发展，所责罚的行为更为具体明确，处罚的方式和标准也更加多样化，除了罚出、罚斋、罚香、罚油、罚茶、罚拜外，还增加了迁单、顶清规乃至火化示众等。张良庙的《清规榜》还有炙断眉毛、摘去衣领、打扁拐等处罚方式。

近一百年后，日本学者吉冈义丰在白云观考察时，也载录了民国后期全真道道士的"清规玄范"，两相比较可以发现道教宫观在制定道士们要遵守的规约时，为了适应当时社会也作了一些调整。如咸丰六年清规里的"火化示众"的处罚在民国时期就被取消，而多了一些"罚送究"的条款。

总而言之，戒律清规是道教自身建设中的一个十分重要的方面，深深地影响着道士的日常生活。需要指出的是，所谓戒律清规，是宫观内部的规章制度，对于那些散居道士或民间道士来说，其约束力鞭长莫及。

## 传授经戒

道教戒律是道士修持的重要法度。在戒律条文被制定出来之后，如何进行推广，并为大众所接受，这是推行教法的重要问题。

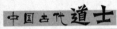
其中的一项重要措施就是将戒律条文写于文告上，并张贴公布于众。据元道士陆道和编《全真清规》，全真教在早期公布清规戒律的时候就采用张榜的形式，其书载有《教主重阳帝君责罚榜》《长春真人规榜》二则，都是公布戒律的文告。从内容上来说，张榜告知需要涉及很多方面的内容，如丛林制宫观的组织管理、常住道众的行为规范。而其所公布的戒律并不是针对某个人，而是道教教徒宗教生活所必须遵守的基本守则。

道教推行戒律另一方法是传授经戒，这个方法从南北朝时期就已经开始。

南北朝到隋唐时期，道教的戒律传度大约是随经书一起传授的。因为经书传授要求隐秘，所以其传戒活动绝对不允许公开。如据隋唐之际道书《洞玄灵宝三洞奉道科戒营始》卷五，受称高玄弟子时，得传五种经书，即《老子道德经》二卷、《河上真人》注上下二卷、《五千文朝仪杂说》一卷、《关令内传》一卷、《戒文》一卷。而《戒文》的内容一定是戒律，而在传经活动中也会有戒律传度。另据《洞玄灵宝三洞奉道科戒营始》说："道士女冠受经戒已，皆当诵其戒文，使精熟。每至月一日、十五日、三十日，总集法堂，递相简阅。"这种相互监督和检查的制度，或许是在同门之道中施行，因此，虽然经戒并不是公开传授的，但是也要防止徇私伪滥。

竹简《道德经》

在道教中，历代都沿习了授经同时传戒的传统。如据宋代孙夷中集《三洞修道仪》，受称高玄法师时，要"参究《道德经》《西升经》《玉历经》《妙真经》《宝光经》《枕中经》《存思神图》太上文《节解》《内解》《自然斋法仪》、道德威仪一百五十条、道德律五百条、道德戒一百八十三科"（《道藏》第23册176页）。在传授经书的过程中也要宣传戒律，将二者充分结合，而且根据所受经戒的不同确定教阶，这也是推行教法的重要措施。

从道教自身来说，戒律的传度意味着教法的传承，它象征着道派的绵延。因此，需要有一套规范化的仪式，这样才能体现对神圣事业的慎重。北宋道士贾善翔编《太上出家传度仪》，对新出家道士的传度戒律仪式进行了系统的阐述。

道教正一派通行授箓，全真派则通行传戒。在元明时期，全真传戒并不是公开的，如清初王常月从全真龙门派第六代律师赵复阳受戒，是在天坛王母洞秘密举行的。全真派公开传戒是由王常月创例。王常月曾经在北京白云观三次登坛说戒，度弟子千余人。然而，全真传戒三坛中的第二坛依然是密坛，或许是秘密传戒的遗风。

清代全真派的传戒活动，可以通过日本道教研究专家小柳司气太《白云观志》的记述来了解。据说，清朝初年的传戒，每年限于2000人，期限是100天。在嘉庆以后，渐次削减。每年的传戒活动，分为春秋两期，春戒自二月十五日至四月初八日，秋戒自十月十五日至十二月初八日。每个地方来求戒的人必须提前半个月来报到和注册。在传戒之前的三天，会按照注册名单来进行清点，沐浴一次，戒坛则分为三期。第一坛在大殿前举行，宣告要目。第二坛为密坛，夜深人静时传度，发给戒衣、戒牒、锡钵、规四种法物。第三坛宣示全真大戒。

受戒的戒子还要对其考察和考试，最后的成绩还要做记录，并进行排名。记录上写明字号名次、戒子姓名、道号、年龄、生辰、出家道观、度师姓名等。其中，得天字第一号者，将作为方丈的候选人。

方丈在传戒时被称为律师。在其之下还有八大师，即讲解经文的证盟大师、监督戒仪的监戒大师、为作保神保戒的保举大师、教导戒子仪规的演礼大师、纠正戒子仪规的纠仪大师、负责经堂诵经礼忏的提科大师、为戒子定道号的登箓大师、主持道场的引请大师。

## 知识链接

### 魏晋南北朝时期的道教经典

魏晋南北朝时期,《上清经》《灵宝经》《三皇经》《正一法文》等大批重要经典相继问世。这些经书在传抄流传过程中,因某些道士伪造滥传而使其真伪难辨。南朝刘宋道士陆修静搜集整理道书,考订源流,校刊真伪。宋明帝太始七年(471年),他奉敕编撰《三洞经书目录》进献。共著录道教经书及药方、符图1228卷,其中1090卷已经传世,另有138卷"犹隐天宫未出"。继陆修静之后,又有南朝梁道士孟法师撰《玉纬七部经书目》,陶弘景撰《隐居经目》,著录当时存在的道书。梁朝学者阮孝绪编写的《七录》,亦著录当时道书的卷数,共计425种,1138卷。

在北朝方面,周武帝下令整理道书。天和五年(570年),京师玄都观道士编撰《玄都经目》进献,宣称道经、传记、符图、道论共有6363卷,但其中有目录和书本的仅为2040卷(包括诸子书及杂书884卷),另外4323卷则是虚数,因此实际存在的道书只有1156卷。周武帝曾召请华山道士王延入京,令他校理三洞经图,缄藏于京师通道观。他还亲自主持编纂了最早的大型道教类书《无上秘要》,分类摘录汉魏六朝的道教典籍。隋朝编撰了《道书总目》4卷。据《隋书·经籍志》记载,当时道书有经戒、服饵、房中、符箓四部,总计377种,1216卷。

# 第四章

# 古代道士的生活

在清规戒律的限制下,道士的日常生活有自己的特点,与普通人及其他宗教人士很不一样。道士的修炼也是生活的一部分,他们炼丹调养,得出一套颇有裨益的养生方法,经过宣传,甚至达到了"长生不老"的效果。

# 第一节
## 道士的日常生活

### 道士的饮食

　　道教既是宗教也是一种文化，道教文化是中华民族传统文化的重要组成部分，道教对中华文化影响很深，其中对习俗的影响就是一个重要方面。因此，了解一下道士的日常生活及其相关习俗，既有助于我们进一步认识、了解道士，也能更进一步加深对我国民俗的认识。

　　道士的生活主要是学道、修道、弘道，也就是说，他们的所有生活行为都是为了实现得道成仙、济世利人的目的。围绕着这一教旨，道士在其日常生活中形成了一套独有的习俗。在道士的生活习惯及经济来源等方面都体现了这一习俗。

　　道士的饮食受道教教义、教规的制约、影响而有一些特别之处。按道教戒律，道士禁止杀生、喝酒，因此道士的饮食相对而言比较简单。五谷杂粮以及青菜咸菜便是他们的主要饭菜，这恰与世俗社会对饮食的追求截然不同。世俗之人追求的是鸡鱼肉蛋、美味佳肴，而道士们却在饮食上追求节俭朴素，甚至千方百计想出办法来尽可能地少吃少喝甚至不吃不喝，或是寻求各种各样的替代手段，比如服食、辟谷、气功等法术，均显示了道士们在饮食上竭力排除世俗欲念而追求超凡成仙的努力。

　　道士的饮食习俗很丰富，饮食观念与饮食禁忌都很独特。

　　在道教宫观中常住的道士，一般一日三餐，或一日两餐，常常是集体用餐。其具体食谱，根据所处环境及条件而定，主食主要是五谷杂粮制品，副食以时鲜蔬菜为主，饮品有茶。干稀饭搭配，或者早稀午干晚稀，不求丰盛，但求简朴；不求精美，但求素净，果腹而已。有的高道隐于山林之中，吃喝皆就地取之，并与服食修炼结合起来，形成了各种各样的食谱。

对于这些高道来说，饮食与服食养生常合而为一。服食，指服用某些药物以求延生乃至长生不死的方术，是道士们的重要修炼方法之一。在我国古

道教的饮食以五谷杂粮为主食

代巫术中，就已有食用某些动物、植物能使人不老、不死的观念，如《山海经·南山经》卷一载"仑者之山"上面有一种草，长的像谷子而有红色的纹理，味道甜美，食用以后不会感到饥饿，还可以解除人的疲劳。到了战国时期，神仙家们更据此而大肆宣传服用不死之药可至长生而跻位神仙之位。从西汉开始，一些方士则自己配药，供信仰者服食。这些高道们继承了方仙道的服食思想和医学服药治病、防病的方法，并与自己的日常饮食相结合，以期能修道成仙。陶弘景在《养性延命录·教诫篇第一》中便大倡服食"仙药"的好处："《神农经》曰：食谷者，智慧聪明；食石（按：指五石散等金丹）者，肥泽不老；食芝者，延年不死；食元气者，地不能埋，天不能杀。是故食药者，与天相毕，日月并列。"

道士的服食方法种类很多，就选用原料而言，道士的服食大致可以分为两类：一类是草木药，以植物和菌类为主；另一类是金石药，即丹药。关于丹药服用将在道士的修炼中介绍。

这里简单介绍一下道士用草木药的情况。以《列仙传》所载的神仙所服食的对象为例，计有植物类、矿物类和化合物类，而鲜有动物肉禽类。如凤纲"常采百草花以水渍泥封之……纲长服此药，得寿数百岁不老"，孔元"常服松脂、茯苓、松实"，彭祖"服水桂、云母粉、麋鹿角"，伯山甫"服饵"。

道士们认为一些植物经处理后可以服用，使人延年益寿，甚至长生不老。因此，他们便致力于这些草木服食方的搜集、发掘，并反复试验，长年食用，乐此不疲，这在他们的日常饮食中占据了重要地位。尤其是对于一些高道来说，已经替代了正常的饮食。茯苓、黄精、枸杞、松脂、柏籽、天门冬、地

黄、胡麻等，道士们认为这些都有神奇的功效，依法制作，按时食用，便可收到预期的效果。

道士们这种希望通过服食成仙的梦想，给他们的日常饮食带来了一层神秘的色彩，其中也有不少虚幻的成分，但除了金丹已被实践证明非但不可使食用者实现长生之梦，反而会引起中毒死亡之外，草木方和药酒方确实具有药用的价值，可在一定程度上起到健身防病的作用。当然，这种作用被道士们夸大了，因而使得道教服食著作中充斥着食用某种东西可以长生不老或终身不饥的神话。

总之，道士们希望超越肉体凡胎，能像神仙那样不必每日进食，闲置起肠胃，不受饥渴之苦，免除口腹之欲，惬意自在，长寿升仙。即使难以达到这样的境界，他们也尽可能地简单朴素，粗茶淡饭。因而，对于那些养生有道的道士来说，并不会因此而营养不良，反而多有高寿者。

在道士们的修炼生涯中，要遵守许多戒律、清规，其中不少就涉及道士们的日常饮食，如一般的戒条中都有禁酒、禁食荤等内容。这些戒律和清规，无疑会对道士们的日常饮食起到很大的影响作用，从而在这些方面形成一些习俗。

此外，道教徒还有"三不起"的禁忌，即道教徒吃斋、诵经和静坐时，他人不得打扰，作为道士也不得应声而起。吃斋，也就是吃饭或用餐。中国有句俗语，"吃饭大似官"，又说"雷公不打吃饭人"，由此可见打扰他人用餐是不礼貌的行为。

道派不同，道士的饮食禁忌也有所不同。恪守道教戒律，是全真道清修派的基本特征，故此派道士多与酒肉无缘。而正一道或茅山道等历史上不同时期的道派，相对而言就不那么恪守戒律，无论在家还是在山，饮食方面的禁忌便没有那么多。但天师世家有"四不吃"的禁忌，即不吃牛肉、狗肉、乌鱼和鸿雁。其原因据说是：牛一辈子吃的是草，挤出的是奶，终生劳作，普济众生，它太辛劳了，不能吃。对于乌鱼，人们常说："乌鱼精最可恶，连自己的亲生子都吃。"但天师世家的说法与此恰恰相反，他们认为乌鱼一到产卵期，两眼昏花，什么也看不见，只待饿死升天；乌鱼鱼崽最有孝心，宁可自己游入母嘴，给娘充讥，也不能让娘饿死，其精神可贵可嘉，吃不得。还有鸿雁，失偶孤雁，终身独居，处境凄凉，矢志不渝，不再婚配，精神可嘉，不该吃。至于狗，古往今来，人们常说："子不嫌母丑，狗不嫌家贫。"终生随主，为主效劳，也不可食。

辟谷，又称绝谷、却谷、断食，原为道家修炼方术，后佛、儒、医诸家都修此道。所谓辟谷是指不吃谷物，不是指什么食物都不吃，故又称"休粮"或"绝谷"。这是道教的养生方法之一。1973 年，长沙马王堆汉墓出土文献即有"却谷食气"的论述，这是我国发现有关辟谷的最早记载。此法盛行于晋、唐之际，到了宋、元以后出现了道教丛林，则很少辟谷之人。道教认为人体有"三尸"（亦称"三彭""三虫"），靠五谷而生，危害人体。若经过"辟谷"修炼，便可除"三尸"，以达到"长生不死"。辟谷时，仍食药物，并兼做导引等功夫。道教辟谷的目的之一是养生。东晋名道葛洪认为："欲得长生，肠中常清。"因人体摄入过量食物后，会大大增加消化、转化等功能的负荷，使肠胃、心肺、肝胆都得不到休息，影响了寿命。另外在肠胃中存在大量的废物，如果不排除，人就会生病。辟谷则有利于清理肠胃，断绝污秽之物。

## 道士的服饰

根据道教徒服饰的制作及用途的不同，道士的服饰可以分为两大类：一是道服，用于道场科仪；二是常服，即道士日常穿的衣服。道士作为一个特殊的群落，他们的服饰无论是道服还是常服，都有其行业的印记。

道士非常看重自己的服饰，以为"衣者，身之章也，道俗不可混杂"（《传授经戒注诀·衣服法第九》），意思是衣服是人之外在的表现，道教徒和

道教法服

其他凡俗应要区别开来，而不能混杂在一起。但是在道教初期，道士的服饰没有统一的样式。大约从南朝宋陆修静起，始据古代衣冠之制，结合宗教需要，定为制度。《陆先生道门科略》载，此前道士也有法服，为"旧法服单衣袷帻，箓生袴褶，所以受治之信，男赍单衣墨帻，女则绀衣"，而他则将其改制，并制定了"准式"："巾褐

及帔，出自上道（即上清法），礼拜着褐，诵经着帔……夫巾褐裙帔，制作长短，条缝多少，各有准式，故谓之法服"。此后，逐渐发生改变，至南北朝末，基本形成一套完整的服饰制度。即按道士入道年限及学道之深浅，分为若干等级，对每个等级道士的衣服、冠巾、靴履，所用布料、样色、样式等，都有具体的规定。每个等级的道士都要按这样的规定，不得混淆。

道士的服饰，据南北朝《传授经戒仪注诀》载，道士服饰包括："葛巾、单衣、被（帔）、履、手板。"据时间大体相同之《洞真太上太霄琅书》载，则有"葛巾、葛单衣、布褐、布裙、葛帔、竹手板、草履"等。下面，我们对法服、冠巾、靴履这三项略加介绍。

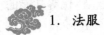

## 1. 法服

道士法服的基本形制为：上著褐，下著裙（裳），外罩帔。这其实是沿袭古代上衣下裳之制。同时，在褐、帔等制作上，又采取条块剪裁与缝制的方法。另外，"长裙大袖"是道教法服的一大特点，其道袍、戒衣等，袖口宽一尺八寸，或二尺四寸，故旧时有民谣云："二可怪，两只衣袖像口袋。"

道士的法服又分道褂、道袍、戒衣、法衣和花衣等多种，分别在不同的场合穿不同的衣服。其中法衣，是道教科仪中高功法师各种穿着的统称。如忏衣，是道士在科仪中念经拜忏时所穿的一种法衣；绛衣，是在大型斋醮法会中，高功法师所穿的一种法衣，穿时里衬海青，其制两袖宽大垂地，双臂展开时，两袖和衣身合成四角形，上面绣有金丝龙纹。

## 2. 冠巾

《洞玄灵宝道学科仪》卷上《巾冠品》云："若道士，若女冠，平常修道，戴二仪巾。巾有两角，以法二仪；若行法事，升三箓众斋之坛者，戴元始、远游之冠。亦有轻葛巾之上法，元始所服……亦谓玄冠。"又《洞玄灵宝三洞奉道科戒营始》卷三引南北朝所出之《科》书曰：

道士、女冠，皆有冠、帻，名有多种，形制各殊……并用谷皮笋箨或乌纱纯漆，依其本制，皆不得鹿皮及珠玉采饰。

简而言之，平时戴巾、帻，作法事时戴冠。巾冠名称有多种，式样多变。如混元巾：象征着混元一气。该巾是用黑缯糊制而成，硬沿圆帽。顶正中留有一个圆孔，以露发髻，现全真道士多戴此帽。庄子巾：或称"南华巾"，该巾下面为方形，上部呈三角形，状如屋顶，帽前正面镶有白玉，便以正帽，象征品性端正，老年道士多戴庄子巾。纯阳巾：明朝《三礼图》称："纯阳巾，又名乐天巾，顶有寸帛，襞积如竹简，垂之于后，日纯阳者以仙名，而乐天则以人名也。"

### 3. 靴履

《洞玄灵宝三洞奉道科戒营始》卷3引南北朝所出之《科》书说："道士、女冠履制皆圆头，或二仪像，以皮、布、絁、绢装饰，黄黑其色，皆不得罗绮锦绣……其袜并须纯素，施、布、绢为之。其靴圆头阔底，鞋惟麻而已。自外皆不得著。"

从上面各种介绍来看，道服不追求华丽而崇尚朴素，道士们不得穿绫罗绸缎等高档衣饰。

现代道士的服饰，据李养正介绍，约有六种：（1）大褂。袖宽一尺四寸，袖长随身。（2）得罗（俗称道袍）。袖宽一尺八寸，长随身，大礼服。以上衣服均蓝色。（3）戒衣。袖宽二尺四寸，袖长随身，受戒用，黄色。（4）法服。方丈大典用，紫色。（5）花衣。出外念经用，杂色。（6）未受戒道士之大褂及得罗均应为黄色。平时，"道士一般著白布袜、云履或青鞋"。

道士在长期的历史发展过程中，产生了许多与服饰有关的习俗，具体来说，有如下一些。

首先，道服尚青、蓝。这是继承传统文化中五方、五行、五色以及道教"贵生"思想演化而形成的。在五方五行五色中，东方属青色，为青阳之气；东方主生，在四季中主春，春天万物生发；东方也是道教信仰中的"十洲三岛"之所，是道教徒向往的理想境地。据闵一得《清规玄妙》记载："凡全真服式，惟青为主。青为东方甲乙木，泰卦之位，又为青龙生旺之气，是为东华帝君之后脉，有木青泰之喻言，

道士的靴履

隐藏全真性命双修之义也。"所以，道教服色崇尚青色。蓝色，是大海和天空的自然色，《庄子》曰："天之苍苍正气也。"因此，道教服色又尚蓝色。

其次，道教通过解释给道服笼罩上了道德意义，对道士起到了勉励作用。《洞真太上太霄琅书》卷4《法服诀第八》就对道教徒的"服""冕""冠""巾""帽""帔""裙"等都做了宗教意义上的解释，赋予了它们新的含义，其文曰：

法服是什么呢？是伏和福，伏以正理，致延福祥。济度身神，故谓为服……夫冕者，勉也，勉励立德，能免受各种人间灾难。冠者观也，德美可观，物所瞻睹。巾者洁也，敛束洁净，通神明也。帽者焘也，覆焘身首如云雾也……帔者披也，披道化物。裙者归也，万福所归。一名曰裳，裳者常也，虑迷夫道，常存得常。

再次，为了使道士珍惜道服，道教制定了一套道士入道时授受道服的仪式。此制不知开始于何时，但最晚在北宋贾善翔所作《太上出家传度仪》中就有了记载。据该书载，仪式开始，由保举师引入道弟子先拜三清大道，次拜度师，礼皇帝，谢先祖，辞父母，辞亲友，然后进入授衣正仪。

最后，南北朝时期还对法服的使用、存放等做出种种规定。《洞玄灵宝道学科仪》卷上《敬法服品》载：

若道士，若女冠，上衣褐帔，最当尊重……一者，未著之前，函箱盛之，安高净处；二者，既著之后，坐起常须护净；三者，暂解之时，勿与俗衣同处；四者，虽同学同契之人，亦不许交换；五者，不得乞借俗人非法穿用，直至破烂，一直都要保持洁净，最后将其焚烧。

说的就是道士服饰在没有穿以前，应当放在干净的箱子里，穿后要保持清洁，不能与其他道友交换穿，不能借与凡俗，脱下之后也不能与其他凡俗之人的衣物混放在一起，必须单独存放。

## 道士的日常功课

早课和晚课是宫观道士宗教生活的一项重要内容。它们是道教的宫观道士修习的必备内容，也是最主要的修持形式。课指的是课诵，功课就是例行的作业。所谓早晚功课就是道士每天早晚两次上殿必须念诵的经文。

在早期，早晚功课在道教中并没有明确的规定。南北朝宫观道士有"常朝仪"，《洞玄灵宝三洞奉道科戒营私》这样解释："四众三洞，可旦夕常行，所以谓之常朝。"常朝仪的主要形式是礼十方，与后世道士早晚功课的内容不同。然而，二者也有一样的地方，即常朝仪和早晚功课都是每天要举行的。明代正统《道藏》和万历《续道藏》中，并没有关于早晚功课的记载，只有清代成书的《道藏辑要》中，才收有《清微宏范道门功课》1卷和《太上玄门早坛功课经》《太上玄门晚坛功课经》各1卷。

《太上玄门早坛功课经》和《太上玄门晚坛功课经》，分别对宫观道士早课和晚课诵经做了系统全面的规定。道教宫观道士的早晚功课在内容和程序上没有什么区别，即经、诰和咒等。一般来说，都是以《开经偈》或《香赞》开始，以《十二愿》和《三皈依》结束。早课包括三大类：一是各种咒语，二是道教经典，三是一些诰书。晚课包括两大类：一是道教经典，二是一些诰书。因为道派不同，所在地区又有所差异，所以功课内容方面也有很多不同。全真派的早课中有赞颂本派祖师的《北五祖诰》《南五祖诰》和《七真诰》。正一派的晚课中有赞颂本派祖师的《祖天师宝诰》和《虚靖天师宝诰》，茅山道院道士的晚课中有赞颂本派祖师的《三茅真君宝诰》。

道士做早晚功课是为了更好地修道。清代道教学者柳守元在《清微宏范道门功课》的序中说："金书玉笈为入道之门，宝诰丹经乃修仙之路。得其门，可以复元真之性；由是路，可以炼不坏之身。是故羽士住丛林，奉香火，三千里路行持，十二时中课诵。朝夕朝礼，期上接夫圣真；凤夜输诚，祝永绵夫国祚。"除此之外，道士举行早晚功课还有一个目的是养生。柳守元认为："不勤持诵，何以保养元和？"可见，道士每天举行早晚功课，不仅能够学道、修炼，而且也能养生、益寿。所以柳守元说："若能矢志专诚，二六时中，猛勇精进，永无退转，在世端能出世，居尘自可离尘，出入虚无，逍遥宇宙，自由自在，无灭无生，方寸不染，一尘妙用，直超三界。若此者，了自心一念之尘根，脱世上三途之苦厄，履长生之大道，渡苦海之洪涛，禳灾而灾消，祈福而福至，无求不应，有感皆通。"

道士做早课的时间大约是卯时（早晨5~7点），此时人体阳气较盛，因为还未吃饭，所以气血平和。通过做早课，人心神愉快，能够达到养生保健的效果。晚课时间通常在酉时（傍晚17~19点），此时人较为疲倦，阳气衰微，阴气渐旺。通过做晚课，能消除疲劳，有益于睡眠。

唐代诗人李咸所作《山中》诗中写道："朝钟暮鼓不到耳，明月孤云长挂

情。"其所描述的就是道士做早课的情景。每天天还没亮，道士就需要起床，然后洗漱，之后就是做早课。早课结束之后用早餐。黄昏做晚课，然后才能用晚餐。

著名道教文化研究专家陈耀庭先生在所撰《走进全真道士的生活》一文中，对全真道士的日常生活描述得很详细。就道士用餐来说："全真丛林对观内道士用膳也有一整套的礼仪。实行这些礼仪，就是为了使道士坚定道心，行动统一，不致散漫。全真道士过堂有五个特点：用膳时间以梆子三声为准；道士列队进入斋堂；用膳以前要化食念咒；用膳时间不准喧哗；用膳完毕拱礼而退。"

陈耀庭先生在文内引述王信安道长的话道："丛林道众每日除三次上殿诵经外，还要每日早、午两次过斋堂，献斋，念供。在献供用斋前，听取厨房饭头三梆为令，道众即时顶冠束带，衣帽齐正，齐集斋堂院前，排班站队，班分左右两行，对面站候，经师执罄带班。这时管斋堂的堂头，从厨房请斋供，香头进入斋堂献香供，出食后（即出孤食）堂头敲三声罄，饭头接罄，开梆打点，然后经师鸣罄，带班进入斋堂，分左右两行，按班就序，拱手站立，由经师起诵'供养咒'，全堂道众随声同念。供养念迄，经师化食（化食用咒，名叫化孤食。丛林每到初一、十五日，经师道众到孤魂坛前，撒食，诵经，超拔孤魂，名叫赦孤）。道众稍进几口斋饭即止，大众接着再念'结斋咒'迄，堂头撤供走出斋堂后，经师喊声'大众请斋'，大众便落座正式进餐。在进餐用斋时，必须严肃镇静，不得交谈，喧哗吵闹，不得声振筷碗。斋堂进餐有行堂者一人，各持其桶，专供菜饭。如需要菜饭多少，均以执筷划圈为令，甚忌言语。大众用斋迄，各自朝上拱礼而退。"

道士的生活按照规定来进行，不仅将其作为道门的规章制度、优良传统来遵守和继承，更重要的是修炼自己的道行。

## 道士的经济来源

道士们要保障自己在宫观中的正常生活所需，必须要有一定的经济来源，所以他们在潜心修道的同时还要与社会经济领域建立联系，以便获得衣食之资，维持其生存。道士们的经济来源主要有以下几个方面。

**1. 朝廷、官府赏赐**

在古代，道教作为宗教团体，在兴盛时期可以拥有数量可观的土地和财产，衣食住行顾虑得很少。这种情形多与宫廷的关照密不可分。如北魏太武帝崇信寇谦之，让他和弟子大办道场，同时给予生活上的充分保障。据《魏书·释老志》记载：

始光初，奉其书而献之，世祖乃令谦之止于张曜之所，供其食物……世祖欣然，乃使谒者奉玉帛牲牢，祭嵩岳，迎致其余弟子在山中者。于是崇奉天师，显扬新法，宣布天下，道业大行……及嵩高道士四十余人至，遂起天师道场于京城之东南，重坛五层，遵其新经之制。给道士百二十人衣食，齐肃祈请，六时礼拜，月设厨会数千人。

唐高祖虽曾严令整肃信尼、道士、女冠，但对那些勤于修道的锦道信徒，则"迁居大寺观，给其衣食，毋令阙乏"（《资治通鉴·唐纪七》）。唐玄宗更甚，他经常给道观和道士赏赐钱物、庄园及奴婢等，免除道观附近百姓赋税差科，令其专门为道士服务。如天宝二年（743年）下诏："两京宫内道士……各赐近城庄园各一所，并量赐奴婢等……宫内先配住道士各（赐）二十四。"十年又诏："太清宫道士各赐物三十段，陪位道士共赐物五百段。"十三载又诏太清宫"道士宜各赐物三十段，陪位大德各赐物二十段。"类似赏赐还有不少，恕不一一罗列。天宝七年，玄宗又规定："其洞宫山各置坛祠宇，每处度道士五人。并取近山三十户，减免租税差科，永供洒扫……茅山紫阳观，取侧近二百户，太平、崇玄二观各一百户，并减免租税差科，长充修葺洒扫。"五名道士就有三十户百姓服"永供洒扫"之役，以此计之，则每个道士平均就有六户百姓专门为他服务。由此可知，玄宗对道士非常看重。

金代皇帝很多都信道，对道士也很优待。金熙宗完颜亶于皇统八年（1148年）亲自召见了太一道祖师萧抱珍，并为他的道观赐额。世宗完颜雍即位时间不长，便于大定（1161—1189年）初，将真大道祖师刘德仁召居京城天长观。大定九年又为太一道

修真观

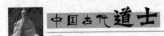
二祖萧道熙敕立万寿额碑于他所住的道观。十四年因天长观灾,命有司修复,并率领太子和百官前往庆贺,作道场三日夜。二十八年中,他两次召见全真道的首领之一王处一,并为他建立修真观,赐金书篆额及金帛数万。同年又多次召见丘处机,问以至道,赐钱十万,并命塑纯阳、重阳、丹阳三师像于其所居之宫庵正位。

道士们居住的宫观大多是在宫廷官府的大力支持下才兴建起来的。这样的例子很多,除上面提到的以外,我们还可以举出很多例子,如据《明史·张三丰传》记载,明成祖曾命工部侍郎郭琏、隆平侯张信等征集三十余万民工,大兴土木,营建武当山宫观,所耗资费以百万计,并赐名"太和太岳山"。著名的楼观台、白云观、上清官、太清宫等,都得到了官方的资助,所以建造的规模宏大。

由于有宫廷官府的支持,道士的日常生活便有了基本的保障,使历史上的道教教团成了非生产性的集团。即使那些下层道士的劳作,也基本限于教团内消费需要的服务性劳动。在较多情况下,进入道门,就意味着由此可以享受皇朝赋予的豁免国民义务的特权,诸如兵役、劳役、纳税等义务均可免除。如在元代"我大元制典,人有十等:一官、二吏、三僧、四道、五医、六工、七猎、八民、九儒、十丐"。道士社会地位极高,位列第四。

### 2. 接受信士的布施、捐赠

信士布施、捐赠,也是广大道士包括出家道士经济生活的一个重要来源。像上面提到的帝王赏赐、馈赠,其实某种意义上也是信士的布施、捐赠。信士布施、捐赠的形式有多种,有的是捐建、修缮道教宫观。在山西省高平市城区铁卢村有一座道教宫观——清梦冠。该庙保存完好,里面有不少明清时期维修的功德碑。其中有一块"大清道光四年(1824年)岁次甲申九月上浣之吉"立的《重修清梦观碑记》,该碑的碑阴就记载了一些信士募捐的情况。下面摘录部分捐款金额较大的坊、社、商铺以见一斑:

杨桥赵贵盛捐众店钱五千四百文

宁陵罗岗集捐众店钱四千二百文

东庄村大社捐钱三千文

南坪村大社捐钱一千四百文

砀山县马良集元泰店众号捐钱四千五百文

郭庄姬广德上窑集众号捐钱五千五百文

郭庄村大社捐钱四千文

南村西社捐钱一千七百文

亳州义发行捐众客商钱四千文

泰康县靳如盛众号捐钱三千文

云泉村东河众信士捐钱三千五百文

水沟村众信士捐钱三千五百文

西石村大社捐钱一千文

郭建邦捐亳州行众各商钱三千六百文

仁和集和盛号众店捐钱四千文

这里，所记虽然不是信士直接捐献给道士作为日常生活的费用，但这样的捐献无疑也会给道士的生活带来重要的影响，比如改善了道士的居住和修炼环境。

另外，还有的馈赠衣物、银两等。如元人吴昌龄杂剧《张天师断风花雪月》中的张天师就收受了当时洛阳太守相当多的"管顾"，上场时，张天师自我介绍说："来到此洛阳，幸遇陈太守，十分的管顾贫道。所赠衣粮，无不精洁。"

 **3. 法事、行医酬金**

那些散居道士的主要经济来源为法事酬金。

明代话本《初刻拍案惊奇》卷17"西山观设度亡魂，开封府备棺追活命"讲新寡的吴氏为其亡夫超度，前往西山观延请法师。为做道场，吴氏就先付了一两银子的定金。小说描写道：

妇人道："小妾是刘门吴氏，因是丈夫新亡，欲求渡拔，故率领亲儿刘达生，母子虔诚，特求法师广施妙法，利济冥途。"

……

知观道："一言已定，必不失期。明日准造宅上。"

吴氏袖中取出银一两，先奉做纸札之费。别了回家，一面收拾打扫，专等来做法事。

出于修炼的目的和要求，古代许多道士都通医道，其中许多人医术还很

高明，如葛洪、孙思邈等。因此，一些道士行医时，也收取一定酬金或谢礼，这亦是他们经济生活的一条渠道。《后汉书·灵帝本纪》注引刘艾《汉灵、献二帝纪》就记载了当时巴郡（今属四川）的道士张修为人治病，如果病愈就要交米五斗。这也许是后世道士行医收取费用的源头。

又如明代罗贯中小说《三国演义》第二十九回"小霸王怒斩于吉，碧眼儿坐领江东"，描写孙策欲斩道士于吉，于吉为自己辩护道：

于吉曰：贫道乃琅琊宫道士，顺帝时曾入山采药。得神书于曲阳泉水上，号曰《太平青领道》凡百余卷，皆治人疾病方术。贫道得之，惟务代天宣化，普救万人，未曾取人毫厘之物，怎么会煽惑人心呢？

于之可见道士行医谋取酬金在那时是很普遍的事情。

此外，还有化缘、行乞以及自己耕种等，这些也都是古代道士维持生活的常规做法。如明冯梦龙编《醒世恒言》第一卷"苏小妹三难新郎"，写秦少游为了试探苏小妹的文才，就假扮成一个游方道士去"化缘"，小说描写道：

秦少游到三月初一日五更时分，就起来梳洗，打扮个游方道人模样，头裹青布唐巾，耳后露两个石碾的假玉环儿，身穿皂布道袍，腰系黄绦，足穿净袜草履，项上挂一串拇指大的数珠，手中托一个金漆钵盂，侵早就到东岳庙前伺候。

……

少游打个问讯，云："小姐有福有寿，愿发慈悲。"

小妹应声答云："道人何德何能，敢求布施！"

这虽是游戏之笔，小说家之言，但却从侧面反映了古时道士外出化缘是其日常生活的一项重要的经济来源。

一般来说，大的"十方丛林"里都设有"化头"，其职责就是主管化缘募捐的。另外还设有"庄头"和"园头"。庄头有内庄头与外庄头之分，内庄头管农具之保管与修理，外庄头组织道众耕作。园头则是负责栽种四季菜蔬。从"丛林"所设的管理职位及其职司来看，亦可知道化缘行乞和躬耕自养均是道士维持自身生活、生存的一条重要经济渠道。《关于全真派道士传戒的规定》等一系列教制规章，更加深入到道教徒的日常生活中。

## 道士的禁忌与礼仪

道士们由于信仰、修炼等原因，在日常生活中也形成了一些禁忌习俗。如便溺禁忌、房事禁忌、饮食禁忌等。

禁忌的产生有多方面的原因。大体上有四个方面：对灵力的崇拜和畏惧，对欲望的克制和限定，对仪式的恪守和服从，以及人们对教训的总结和汲取。

下面，简要介绍几项道士的禁忌。

### 1. 便溺禁忌

这主要是要注意便溺的方向，这与对神祇的禁忌有关。旧时有禁忌向北便溺的习俗，这是出于道教对北斗的信仰。道教称北极星为北极大帝、北极紫微大帝，它是统率三界之星和鬼神的。北斗七星又叫北斗真君，它受命于真皇老人，同天、地、水三官一起调查活人和死人的功过善恶，并且巡游四方，掌管人间生死祸福。也有道教经义说，凡一心信仰北斗，便能得道，且能从死籍上除名而长生。北斗既有如此的大权，道士们当然要尊敬他。

### 2. 理发禁忌

理发时不能朝向北方，这个禁忌的原因也是出于对北斗的崇敬。旧时理发业敬吕洞宾等为祖师爷，每到他的生日时，常常停业聚会举行祭祀。《台湾旧惯习俗信仰》一书中说，理发业者忌讳给同是属于下九流中的娼妓理发。这可能是害怕这样做亵渎了自己的祖师爷。

### 3. 医药行禁忌

医药行旧时敬奉道教人物华佗、孙思邈为祖师爷，不敢有半点不敬。特别是孙思邈所说的医德，如其提倡的不分"贵贱贫富，长幼妍蚩，怨亲善

孙思邈画像

友，华夷愚智"，皆一视同仁，声言"人命至重，有贵千金"等理念，更是为广大医者所奉行，至今仍有着不可忽视的重要作用。

 **4. 沐浴禁忌**

道士们的日常沐浴也有许多禁忌，如《三洞奉道科》曰："凡梳头，先洗手、面，然后梳之，皆不得使人见，增寿八百二十。""梳头发及爪皆埋之，勿投水火，正尔抛掷。"至于其原因有二："一则敬父母之遗体；二则有鸟曰鸺鹠，夜人人家取其爪、发，则伤魂。若能勤行，增算六百二十。"也就是说身体发肤，受之父母，自当珍爱。另外，就是鸺鹠鸟喜欢在晚上飞进人的居室叼走头发、指甲，而如此，就会伤害人的魂魄。所以要将剪下的发丝、指甲埋入地里，不能乱扔。

 **5. 用火禁忌**

这主要是外丹家关于起火和在炼丹时所遵从的各种禁忌。从上古的炼丹方士到道门中人都把炼丹看作是一件神圣的事情，唯恐发生过失，也就形成了种种禁忌，用火禁忌是炼丹禁忌中的一种。从广义上看，用火禁忌与丹房禁忌是联系在一起的。《丹房须知·禁秽四》指出丹房要重视朝东方位，炼丹家认为这个方位必须禁止女子、僧尼、鸡犬等进入。在起火炼丹开始时，还应该点燃香烟，不使熄灭。进入丹房前，必须换上新的鞋子和衣服，不可以吃葱蒜之类刺激之物。起火时，基于对神明的信仰，炼丹家还要念祝祷文，祈求玄元皇帝等灵官仙君保佑炼丹成功。在时辰上，起火炼丹也相当讲究，夜半子时如果恰逢潮生，这是不能起火的，至于甲戌、甲申、甲午、甲辰、甲寅、甲子日也是不能开炉炼丹的，因为这是六甲本命神明升座之日，不可以起火，否则会冲撞神明，炼丹将会失败。此外，起火炼丹也禁忌在风雨雷霆之时，届时不可呼魂唤魄，不可听到哭泣悲哀之声以及看见血腥污秽之物等。

此外，道士间还有一些特殊的交际礼仪习俗，如相互见面时多行"拱手礼"，届时两手相抱（左手抱右手，寓意为扬善隐恶。盖以左手为善，右手为恶之故），举胸前，立而不俯。拜见长者时行"作揖礼"，其礼节是一面躬身，一面双手于腹前合抱，自下而上，是向长者行此礼，再一面恭敬地平声念道

"无量天尊"。"无量天尊"是道教常念的圣号,在道教是指所有的道法无边的道教诸神和真仙。用口头念诵圣号,表示祈祷或感谢神仙等意思。其圣号的全称是"福生无量天尊"。据《道经》载,诸神、仙真大悲大愿大圣大慈,诚心诵念圣号,以祈得到感应,消灾解厄,平安吉祥。在举行斋醮等科仪时也有一些特定的宗教礼仪习俗。如敬神一般都要烧香,敬香是"以香达信",即人的诚心诚意通过香烟送达神前。烧香关键是看其心是否诚,而不在乎香烧得多或少。心诚,一炷香就足够了。殿主烧香,三炷香要插平,插直,间隔不过一寸宽。又如叩拜,道士叩拜,要足站八字,双膝与手同时着地,左手按在右手上,手心皆向下,呈十字形,头与脊背同时向下伏,形似青蛙卧状,且忌臀高于背。道士磕头是对太上八十一化的形象表示,盖足站八字,手按十字,头为一。

 知识链接

## 道士的拜师仪式

《全真清规》没有详细记录拜师礼仪的过程,但是说到了师父接纳弟子前,对于弟子的情况必须了解清楚。"指蒙规式"称:"师接弟子,先问悟透,善根深浅,又观祖上门风善恶,便看本人才大才小,方可收录。"有时候在拜师仪式中,还要安排师父说戒开示,弟子听取训示的节次。道教的拜师仪式,除受到世俗社会学生拜老师方式的影响外,还在礼仪中加上了祝愿祈祷等拜神的内容。

# 第二节
# 道士的修炼与方术

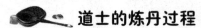

**道士的炼丹过程**

　　道士的炼丹过程复杂而神秘。道教金丹家在进行炼丹的时候一般都在丹房中进行。对于炼丹、炼金的场所和丹房的选择，金丹家有着严格要求。

　　首先，要慎选炼丹场所，最好在那些较为幽远的僻静之处，有3个人左右就可以。在入山之前，要斋戒沐浴，避免与俗人往来，以防有邪气侵入，妨害炼丹。在进山的时候，一定要选择在黄道吉日动身，而且要佩戴进山符、驱鹿镜。在进入山中之后，先勘察地形，选择最适合炼丹的地方，然后建筑炼丹房。宋代吴悞《丹房须知》就对丹室的选择做了详尽叙述，其文曰：

炼丹炉

　　炼丹之室，岁旺之方，择地为静室。不可太大，不可益高。高而不踩，明而不漏，处高顺卑，不闻鸡犬之声、哭泣之音、濑水之响、车驰马走及刑罚决狱之地。惟是山林宫观净室皆可。

　　当然，建筑炼丹房也是非常有讲究的，需要佩戴符箓，清心洁斋，将地上的杂草全部清除，然后挖去地表3尺深的土，填以好土。然后是建屋、筑坛、安（炉）灶、置鼎、配料以至升火炼药。每个步骤都必须非常小心，千万不能粗心大意。另外，所有的地方都必须密封，防止有光线射入。

此外，坛、鼎也需要遵守很多规矩。

坛也被称为丹台，它是用来安放丹炉、药灶的，其修建也有一定之规，必须筑于丹房的正中央，垒土而成，而且要分为3层，每层高低和宽广尺寸各不相同。《丹房须知》中详尽地介绍了坛的构造方式：

炉下有坛。坛高三层，各分八面而有八门。如云子曰：南面去坛一尺埋生殊一斤，线五寸，醋拌之。北面埋生石灰一斤。东面埋生铁一斤。西面埋白银一斤。上去药鼎三尺垂古镜一面，布二十八宿五星灯，灯前用纯剑一口。炉前添不食井水一盆，七日一添。用桃木板一片，上安香炉。各处置，昼夜添至第四转，其丹通于神明。恐魔来侵，安心守护，致祈祷之词，云：谨启玄元皇帝太上老君运合乾坤，众魔莫侵……

炉是容纳鼎的设施，灶是容纳釜的设施，通常来说，在使用的时候只能选择一种。在安放之时先要在坛上埋符箓，而其大小尺寸以及置放的方位、安放的时间等也必须与天地日月星辰、五行八卦一致。鼎有内盛水、盛火两种，从材质上来说，也有很多种类，如金鼎、银鼎、铜鼎、铁鼎……如果安装的方法不同，那么其名称也不同，水鼎在上、火鼎居下的安法叫"既济炉"；水鼎在下，火鼎在上的叫"未济炉"。"既济"与"未济"都是《周易》六十四卦中的卦名，上坎（水）下离（火）为"既济"卦，上离下坎为"未济卦"，这就是两个炉名的来历。鼎是炼丹的反应容器和冷凝装置，其中最为重要的就是火鼎，炼丹用的药料就是放于其中，鼎内燃火加热；水鼎中盛的是水，外围充以灰土之类。两鼎有管相通，水鼎另有一管贯通，以供给冷水和引出蒸汽。

事实上，炼丹的过程是一种化学反应过程，具体又可分为两种，即水法反应和火法反应。水法反应主要是溶解。《正统道藏》中收有《三十六水法》，相应的具体配方有59种。但在炼丹过程中，道士更为重视的是火法反应，基本方法有煅（长时间加热）、炼（干燥物加热）、炙（局部烧烤）、熔（熔化）、伏（加热使之变性）等。火法反应难度最大，火候难以掌握。为了掌握好火候，炼丹道士要按时添减燃料，调节通风量，仔细观察炼丹炉中的变化，然后做好记录。在掌握火候的时候，临到丹头更须小心，如果稍不注意，就会功亏一篑。

在金丹炼成之后就可以开鼎。那个时候需要虔诚地斋戒，念诵祷词。在

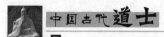
拿出灵丹之后还要祭祀各路神仙，表示让神仙们先行享用，然后自己再将其服下。据道经云，在获得仙丹之后，如果自己先享用，不首先祭祀神仙，其必然会遭到报应。服用丹药，具有较大的冒险性，但是因为道士都有成仙的想法，所以有再大的危险也敢于一试。幸运的话，不仅能够保存性命，甚至还能从仙丹中得到一些补益，但是必须控制服用量，否则就会导致中毒而死。

如果出现中毒问题，外丹道士也不会认为是真的中毒，而是说成是尸解成仙，而且认为这是值得庆幸的事情，不需要感到悲伤。

所谓金丹实际上是铅、汞、硫、砷等矿物质及其化合物，这些物质多数有毒，所谓服食金丹后的"白日飞升"其实是中毒死亡。历史上许多道士因此而付出了宝贵的生命，促使一些道士对外丹术开始进行反省，慢慢认识到了外丹的巨大危害性，如《云笈七签》卷六十四《金丹诀》就说："不知道金丹以及各种石药，各有药性，有的本身有着大毒，道士服用它们后，从伏羲、轩辕皇帝以来，万个当中没有一个能幸存下来，没有不死的。"道家史守，虽然有了这样理性的认识，但这种认识在道士中间并没有达成共识，后代信奉外丹的仍不乏其人，当然有的是内、外丹兼炼。

炼丹术士鼓吹服食神丹、金液可使人得道成仙，让人长生不老，这显然属于宗教迷信。大量事实证明，这种仙道是荒唐的。但是，我们在客观上也应该承认，这种炼丹术是近代化学的先驱，近代化学就是从原始的炼丹术脱胎演化而来。即如著名科技史学家李约瑟博士所说的那样，道家、道教"对中国科学史是有着头等重要性的"，"东亚的化学、矿物学、植物学、动物学和药物学都起源于道家"。

## 道士的外丹修炼

外丹、内丹是相对而言的，都是道教的炼丹术。外丹是指用炉鼎烧炼丹砂等矿石药物而成的、服之能使人"长生不死"的丹药；内丹指以身体为炉灶，修炼"精、气、神"而在体内结丹，丹成则人可以成仙。外丹、内丹，方法有别，但术语基本相同，统称金丹道或丹道。

外丹，乃是烧炼丹砂铅汞等矿石及药物方术的总称，它包括三种烧炼术，一为神丹，二为金液，三为黄白。炼丹术在我国起源最早，在战国时期，燕国和齐国的方士们特别期望自己成为神仙，所以也企图通过服食丹药来成仙。

因此，很多人曾经冒险去寻仙药。其中最为执迷不悟的是那些君王，如齐宣王、燕昭王、秦始皇、汉武帝……他们曾多次派人前去寻求，但是结果往往是不好的。为此，秦始皇发怒坑埋了很多方士。因为难以找到现成的仙丹，所以方士们就想办法自己制造。因此，在秦汉时期就出现了试炼金丹的方术，尤其是在汉朝，这种炼丹术非常流行。

班固《汉书·楚元王传》也提到了汉宣帝时，宣帝"又复兴起神仙方术之事"，淮南王有《枕中鸿宝苑秘书》书中讲的就是神仙，使鬼物为金等术，以及邹衍的重道延命方。这本书，当时还没有流传，所以世人不得见之，而更生父亲，在武帝时办理淮南王一案时得到了该书。更生小时读诵此书，觉得很奇异，就把他献给了朝廷，并说黄金可以炼成。当然，关于这样的记载还有很多。在这里需要明白的是少君、更生等并不是道士的行为。

事实上，道士们将服食金丹仙药作为修炼方术，有一个发展过程的，并不是在道教一创立之后就出现了这种修炼手段。在道教刚刚建立的时候，虽然道士们也吸收了先秦以来的神仙信仰和方术实践，然而这种宗教义理学说的核心是救治危世而致太平，因此，道士修道的重点并不是炼丹。魏晋以来，道教的发展进入了神仙道教的阶段，成仙不死则成了教义的重点，随之，道士们的修道目的也就是长生成仙了。魏晋时期，以葛洪为代表的道派认为，修道成仙最重要的是服食金丹。而葛洪在《抱朴子·内篇》中也对修道成仙的各种法术进行了系统的总结，并对其道理和方法进行了大肆宣扬。

经过葛洪的大力宣扬，金丹服食为道士们所重视，并取得了很大发展。

到唐朝时期，道家炼丹术达到了顶峰，而且炼丹的各方面都更为成熟。

稚川移居图

虽然在外丹道士中多次出现中毒死亡的事情，但是这并没有阻碍后人继续追寻长生的步伐。一般来说，道士们炼取外丹和服食的方法是师承秘授的，所以，无论是在选择徒弟，还是在传术方面都严格保密。就是在这样的情况下才形成了外丹修炼术的传承派系，而派系之间在很多方面都存在区别。葛洪将炼丹术分为神丹、金液、黄金三种，虽然各异，但是在服用之后都可以达到同样的效果，即人身体不朽、长生成仙，这就是外丹派道士从事服食炼丹所坚持的基本信念。

大致来说，以炼丹所用材料不同，外丹道士可分为三大派别，即金砂派、铅汞派和硫汞派。

金砂派历史最为悠久，其主要的代表人物有左慈、葛洪和陶弘景等。据葛洪自述，他的炼丹术是从左慈传其祖父葛玄，再由葛玄传郑隐，又由郑隐传给他的。所以为了取得郑隐的信任，他付出了艰辛的努力。在郑隐所有的徒弟中，只有葛洪得到了师父的秘授。葛洪荣幸地读到了师父秘不示人的《九鼎丹经》《金液丹经》等典籍。而且在自己炼丹的过程中，葛洪又总结了很多经验，他认定丹砂烧炼之后能还原，此之谓"还丹"。经由不断烧炼而又不断还原的丹砂，如果次数越多，效果也更好。

铅汞派的炼丹家主张重点用铅，其余有银、朱砂、雄黄、硫黄等。此派可以追溯至东汉魏伯阳，最为经典的著作是《周易参同契》。该派道士将铅汞视为至宝大药，认为铅汞"合天地之元纪，包日月之精华，上冠于乾，下顺于地，总七十二石，统天地之精光，修炼成丹，服之延驻"（《大还心镜》）。铅汞派外丹道士充分发挥他们的聪明才智，将炼丹中所使用的鼎器想象为一个缩小了的宇宙，而其他物质都是宇宙中的重要成分，在所有条件都具备的情况下，其产生强大的功效是必然的。

硫汞派兴起于唐朝。此派道士主张在炼丹的时候用硫黄与水银合炼。另外，在炼制过程中也需要契合阴阳之道。该派认为硫黄是太阳之精，水银是太阴之精，一阴一阳为天地，只有将二者充分融合，才能炼成灵丹。

因为派系不同，所以方法各异，所以这就导致了各个派别之间的争论。但是在争论的过程中，彼此也相互融合。

炼取外丹所用原料，除了上述三派格外强调的丹砂、铅汞、硫汞外，还有其他很多天然产物，如雄黄、曾青、石胆、砒霜、白盐、白矾、云母等"石药"，以及牡蛎、胡粉、朱草等动植物原料。

### 道士的内丹修炼

道教内丹修炼术自隋唐以来成为养生的重要方法，它对后世道教理论和修养方法的发展产生了直接影响。

内丹：内指身体内部，而丹指小而圆的精神意识的产物。在道教内，丹术将人体比喻为"炉鼎"，而将人体内循环的经络比作内丹修炼的通道，在人主观意识的控制下，利用体内元气的推动力，把人体分泌的精液经过周身循环的修炼，使精、气、神凝为"圣胎"，或称"丹药"，这就是所谓的内丹术，修炼这种丹术的派别则被称为内丹派或丹鼎派。内丹术基本分为四个阶段完成。

第一阶段是筑基，也就是将身体保养好。道教内丹以身体为基本，因此在炼功之前不能有任何疾病，男性要断绝房事，女性要回绝月事。然后要改变日常呼吸，道教认为呼吸"顺行成人，逆行成仙"，因此在炼功之时，呼吸必须是吸时收腹，呼时鼓腹，呼吸细长均匀而深厚。《天仙正理直论》曰："修仙而始日筑基，基者，修炼阳神之本根，安神定息之处所也。精气旺，则神亦旺，而法力大。精气耗，则神亦耗而弱……是以必用精、气、神三宝合炼，精补其精，气补其气，神补其神，筑而成基，惟能合一，则成基，不能合一，则精、气、神不能长旺，而基即不可成。及基筑成，精则固矣，气则还矣，永为坚固不坏之基，而长生不死。"

第二阶段是炼精化气。精是指人体内具有生殖力的精液，具体过程分四个层次：一是采药，在出现精液的时候要及时锁住；二是封固，千万不能外泄；三是烹炼，转动河车，使神气凝结；四是止火，即内药已经形成，在第三段的时候就需要为炼气化神做准备。

第三阶段是炼气化神。其修炼的目的是指精、气、神凝结为一，结成圣胎，在体内循行。内丹功关键在于运转大小周天，也就是在精神引导下，运丹药沿任督二脉循环。先从背后面经过督脉上升，称为通三关，即通过尾闾、夹脊、玉枕三个部位；然后再沿着前面三丹田下降，三丹田指脑部泥丸、胸部黄庭和腹部脐内。道教认为人身是一个小天地，天行一周360°，因此称作周在功法。

第四也即最后阶段是炼神还虚。它是内丹修炼的高级阶段，在这一阶段

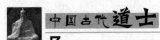
已经达到了一个理想境界。道教认为丹药炼成后，可以从脑户出入，化为身外之身，永世长存。

在隋朝以前，道教修养术以行气、服气、存思、导引等方术著称，当时并没有形成内丹说。在隋开皇年间（581—600年），罗浮山道士青霞子苏玄朗自称得大茅君秘旨，撰写了《旨道篇》和《龙虎金液还丹通玄论》，这开启了道教内丹之说。李唐之时，内丹学说得到了进一步发展，有关道书纷纷出现，如陶植《陶真人内丹赋》、刘知古《日月玄枢篇》、崔希范《入药镜》、羊参微《元阳子金液集》、林太古《龙虎还丹诀颂》、吴筠《内丹九章经》、张元德《丹论诀旨心鉴》……唐末五代时期，内丹道发展出现高潮，其推动者是钟离权、吕洞宾、施肩吾、彭晓、陈抟等。著名代表作为钟离权的《灵宝毕法》《云房三十九章》，吕洞宾的《沁园春》《霜天晓角》《窑头脱空》等，施肩吾的《钟吕传道集》《西山群仙会真记》，彭晓有《还丹内象金钥匙》，陈抟的《无极图》等，发明内丹旨要。到了北宋，张伯端著《悟真篇》，用各种形式将内丹功阐述出来，使内丹道更为盛行。在南宋金元时期，内丹派分化成南北两宗，北宗主张先性后命的清修丹法，南宗主张先命后性的命功运丹法。在元朝末年，两宗已经合流，形成以《参同契》《悟真篇》经义为宗旨的内丹功法，被全真教派吸收，流传在明清。如今，修炼内丹术的道士或居士已经大部分成为全真教派的传人。

## 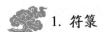 道士的符箓咒术

符箓咒术，即"道术"，或称"法术""方技""方术"等。方术、道术一词，早在春秋战国时期就已有记载，《庄子·天下篇》中载："天下之治方术者多矣，咸以共有为不可加矣。古之所谓道术者果恶乎在。"道教所从事和宣扬的道术很多，如占卜、符箓、祈禳、内丹、外丹、炉火、黄白、辟谷、导引、方药、服气、存思等。宋马端临《文献通考》中说："道家之术，杂而多端。"其中符箓咒术是道士们经常使用的法术，下面对其作些简略介绍。

### 1. 符箓

语言和文字是人世间用来交流感情、表达思想的工具，在人神如一观念的支配下，古人自然会想到，利用它们应该也可以与神鬼交流，于是便产生

了具有特殊功能的符箓和咒语。"符"和"咒"是道士最常用的两种用来指派神灵、驱鬼、辟邪、治病、降祸等的工具。

"符"是有修为的道士用朱笔或墨笔描成的一些千奇百怪的图形、文字。"符"原本是古代朝廷调动军队或发布命令的信物，通常用竹板或金属制成，上面刻着文字，剖分为两半，一半留在朝廷，另一半由将帅持有。它是权力的象征，具有绝对服从的意义。因此，符，又称符契，或符节。汉代盛行天人感应说，进一步弘扬了古代的"君权神授"思想，帝王国君的行为举止，都体现了上天的意思，谶纬之说风行，认为天会赐祥瑞于人君，以为受命的凭证，这种凭证，叫作符命。

符所具有的这些内容和形式特点，在汉代就被巫师、方士和道士借用到鬼神世界，从而创造了道符，又叫神符或天符。他们模拟现实社会符信的绝对权威，认为神仙世界的最高统治者有资格颁布灵符，施之于鬼神社会，可以召劾鬼神，镇压精怪，正像人间帝王调遣将帅、统领万民一样。这其实也就是古代巫术思想的体现。英国著名人类学家弗雷泽在广泛考察世界各地的巫术事象后，总结出所有的巫术都有两个思想原则："第一是'同类相生'或果必同因；第二是'物体一经互相接触，在中断实体接触后还会继续远距离地互相作用'。前者可称为'相似律'，后者可称作'接触律'或'触染律'。巫师根据第一原则即'相似律'引申出，他能够仅仅通过模仿就能实现任何他想做的事情；从第二个原则出发，他断

道家符箓

定，他能通过一个物体来对一个人施加影响，只要该物体被那个人接触过，而不论该物体是否为该人身体的部分。"符箓是一种很明显的，在"相似律"思维作用下的产物。

如果说在人世间"符"体现了最高统治者的绝对权力的话，那么，在鬼神世界，佩戴道符的法师则具有高深的法力。《后汉书·方术传》中所载费长房得符、弃符一事，就是这种权力意义的最好"说明"。据记载，长房告辞请求回家，老翁又为他制作了一道符，并说："用这个可以制服地上的鬼神。"……汝南年年都有魅作祟，假变做太守章服，去府门敲鼓，一时郡中人都以之为患。一天，魅又来了，恰逢长房在拜谒府君，魅极其惶惧但却无法逃脱，只好向前自解衣冠向长房叩头求饶。长房呵斥道："你去庭院中现出你的原形来！"原来是一个老鳖，大如车轮，颈长一丈。长房又叫它向太守服罪……后来长房丢失了符，竟被众鬼杀死了。

道士们深信"符箓"有神奇的效力，驱鬼、辟邪、治病无不"请"之。南朝宋著名道士陆修静在《太上洞玄灵宝素灵真符》卷上指出："凡一切符文皆有文字，但人不解识之。若解读符字者，可以箓召万灵，役使百鬼，无所不通也。"《云笈七签》卷四十五收录的《修真旨要》也说到符与气、药，均是道士的重要法术，乃道教秘术中之秘者：

道者，虚无之至真也；术者，变化之玄伎也。道无形，因术以济人；人有灵，因修而会道。人能学道，则变化自然。道之要者，深简而易知也；术之秘者，惟符与气、药也。符者，三光之灵文，天真之信也；气者，阴阳之太和，万物之灵爽也；药者，五行之华英，天地之精液也。妙于一事，则无不应矣。

《云笈七签》卷14《三洞经教部经》引《黄庭遁甲缘身经》还告诉了人们在不同的场合应用不同的符箓：又奏表上谒贵人，皆书符持怀中，三呼"直日之神，与我同行。"

如果去有疾病患者人家，或有家人刚去世的人家，就把符放在怀中，遇到阴日就把符放在右边，阳日则放在左边。

如果去山林避难，要三叩齿，直呼神的名字，并喊甲申神，山中鬼魅、狼虎等，都快离开。

如为除恶神鬼，就画好六甲六乙符拿着，并嘴呼甲寅神名，鬼就会四处逃跑。

如果到军阵辟兵燹，就画六丙六丁符，并呼其神姓名，又呼甲午神名，就会兵刃不伤。

如想避火难，就书六壬六癸符，并呼其神，又呼甲子神名，并说："与我同行！"就不会被烧。

若欲避水难，就画六戊六己符，并呼甲戌神名，就能免除水溺之灾。

若遇到官司，就书六庚六辛符，并呼神的姓名，又呼甲辰神名，则官司就会解除。

这些符可以画在纸上，带在身上，贴到器物上，也可以烧成灰佐以檀木泡的水吞服，或者只是焚化。

其实，符的产生其根本原因还是道教思想的一种具象化，是因为符聚了"道之精气"，故其可以辟邪禳灾、祈福纳祥。

 **2. 咒语**

咒，也称祝，是人们相信可以用来驱鬼治病的一些特殊口诀，他们认为咒语可以支配自然、控制自然，可以打败敌人，是消除灾难的手段，还是沟通人、鬼、神关系的神奇力量。《周礼·郊特牲》里记录了两组古老的咒语："从天来者，从地出者，从四方来者，皆罢吾网。"这是一组狩猎咒语。"土，返其宅；水，归其壑；昆虫，勿作；草木，归其泽。"这是一组农耕咒语。

符、咒都是远古时代巫术的直接产物，两者可以单独使用，也可以合用。对符箓、咒语神力的相信，有人以为这是出于对文字的崇拜，"语言灵物崇拜到了极端就是符咒"。

道教徒深信符咒的法力是非常强大的，是可以召唤神灵的。《法海遗珠》卷三十六说："大法旨要有三局，一则行咒，二则行符，三则行法。咒者，上天之密语也，群真万灵，随咒呼召，随气下降；符者，上天之合契也，群真随符摄召下降；法者，主其司局仙曹，自有群真百灵，各效其职，必假符咒，呼之而来，遣之而去。"

道士们使用的咒语非常多，在法事上应用广泛，如《太上三洞神咒》所载的咒语"三十六雷总辖咒""七十二侯都总咒""开旗咒""巡坛咒""请法水咒""治惊病咒""助威咒""用剑咒""行净咒""变神咒""步罡咒""会兵咒""致雷咒""五雷治病咒""勘合符咒"等。这些咒语的作用是不同的，用于法事的不同程序，其目的或净坛，或请神，或驱邪，或治病。此外，

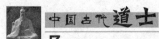

道士们在日常生活如睡眠、出行、饮食、沐浴等也都念咒语，不过较之法事场合的咒语大都要简短的多。如睡醒时念咒："当愿众生以迷人觉一旦豁然。"洗手洗脸时念："除垢神延凝真不散。"穿衣时念："检柬威仪服膺善法。"临睡前念："太真玉女侍真卫魂三宫金童来守生门。"如此等等，不一而足。

下面，我们不妨择录几则简短的道士咒语：

杀鬼咒

太上老君教我杀鬼，与我神方。上呼玉女，收摄不祥。登山石裂，佩带印章。头戴华盖，足蹑魁罡，左扶六甲，右卫六丁。前有黄神，后有越章。神师杀伐，不避豪强，先杀恶鬼，后斩夜光。何神不伏，何鬼敢当？急急如律令。（《三皇内文遗秘》）

治惊病咒

冥冥冥冥，风雨奔倾。惊邪等鬼，知汝姓名。风惊名顶，热惊名辛。急惊慢惊，恃垒之精。元皇正气，速降吾身。扫荡邪鬼，速得安宁。急急如律令。（《太上三洞神咒》）

敕瘟咒

敕东方青瘟之鬼，腐木之精；南方赤瘟之鬼，炎火之精；西方血瘟之鬼，恶金之精；北方黑瘟之鬼，涸池之精；中央黄瘟之鬼，粪土之精。四时八节，因旺而生。神不内养，外作邪精。五毒之气，入人身形。或寒或热，五体不宁。九丑之鬼，知汝姓名。急须逮去，不得久停。急急如律令。（《三皇内文遗秘》）

敕灵官符咒

三天有命，玉帝令章。四圣叮咛，何神敢当。上帝有敕，敕召灵官。斩邪不祥，暂离本位。来赴坛场，统制鬼神，斩诚不祥。天符到处，永断邪殃。救民疾苦，大赐威光。急急如律令。（《太上三洞神咒》）

无论人类的知识和科学如何发达，都不可能解决人类遇到的所有问题，所以"人世中有一片广大的领域，非科学所能用武之地"，而这一片科学不能用武的领域，就是宗教、巫术所占据的地方。

知识链接

## 道士的守一术

"守一"是天师道修炼方术之一，指通过守持人之精、气、神或身中丹田等部位，使形神合一，以致能够长生不老。

"守一"思想萌芽于老庄。《道德经》第十章云："载营魄抱一，能无离乎？"此处"营魄"即魂魄，老子这句话的用意是主张形神合一。道教继承老庄的守一思想，创造出一套理法兼备的守一术。道教早期经典《太平经》中涉及守一术或守一明法的篇卷很多。《太平经》认为"一"具有本根之属性，这是守一术的思想基点："夫一者，乃道之根也，气之始也，众心之主也。""一者，数之始也；一者，生之道也；一者，元气所起也；一者，天之纲纪也……万物之本也。"也就是说，"一"是大道的根基，元气的源头，上天的纲纪，万物的本始。

# 第三节
# 道士的斋醮

## 斋法的源流

道教的斋醮，其主体是民间的巫俗文化，同时对社会上层的礼仪文化也多有所吸收。隋唐以来，又参与朝廷的各种祭祀大典，所以从总体上判断道

天师张道陵

教斋醮的根源，可以看作是传统文化中的祭礼礼仪与民间风俗习惯的相结合的产物。

既然是一种结合，那么与两个方面都在似与不似之间，从而成为既相互依存，又独成一局的第三者，因此，有所谓道教斋醮。

斋醮联称，流行于宋以后的道教，就其历史源流而论，醮是斋的演变。所以叙论道教斋醮作为一种独立形式的渊源，实现上只需要叙论道教斋法作为一种独立形式的渊源。道教斋法的渊源，在南北朝时期，无分教内外，都推始于天师张道陵。在道教内部，同样也将斋法渊源推始于张道陵。

道教斋法源于天师张道陵不可考证，但道教斋法渊源于五斗米道和太平道，则是可信的。据《后汉书·刘焉传》注引《典略》说，张角的太平道与汉中张修的五斗米道，在教法上基本相同，"太平道师持九节杖，为符咒，教病人叩头思过，因以符水饮之"。九节杖大概就是太平道作斋法时的一种宗教象征。五斗米道不持九节杖，而"加施净室，使病人处其中思过"。又设鬼吏职司，主为病者请祷。请祷的方式是，"书病人姓字，说服罪之意。作三通，其一上之天，著山上，其一埋之地，其一沈之水，谓之'三官手书'"。

从流变上看，南北朝时的南北方道教斋法，都与五斗米道有承袭关系。其中最明显的就是每年道民三会的拜祠活动，南北方道教相同。而道民三会，正是五斗米道的旧规。在具体的斋坛做法上，南方道教的涂炭斋、三元斋都来自五斗米道。

有因即有革，晋南北朝时道教斋法的变革，与世俗社会的礼仪变革相同，是世俗变化使然。比较而言，南方道教的变革，要比北方道教的变革更大一些。北方寇谦之天师道虽号称革除旧法，但由于深厚的道民风俗，使其更多地保存了五斗米道的旧教。张鲁降曹时，有大批汉中道民北迁关陇、洛阳、邺城、长安等地。道民的基本信仰及已经相因成为习俗的教法，并不会因为迁徙而被削弱，相反，由于流离失所的遭遇，使所具有的宗教情感更加浓烈。

只是由于原来破坏了其宗教组织，便出现科律松散的现象。

从总体上看，寇谦之天师道的斋法变革，主要是在五米道旧有形式的基础上进行清整。而南朝的斋法变革，则要因应南方的民间习俗。因为不同地域有不同的风俗习惯，所以南朝道教的斋法变革要大一些。变革的一个结果，就是形成灵宝斋法，并出现醮祭，成为后来道教斋醮的主流。

如果说道教斋醮本于周礼，也许夸大了它的经典依据。但道教斋醮作为一种宗教仪礼形式，在规范化的过程中，确实受到经典礼仪的影响，这是一种自上而下的影响。反之，自下而上、由民间衍为朝廷礼仪的现象也存在着。

由敬天祭祖而醮祭神仙，是祭礼礼仪的一次大变化。对于这种变化，也许应该从历史学和宗教学的角度进行专门研究，但有一点，待周密研究而可以情理推度，祭天在古代是天子的特权，非天子而祭天，被认为是觊觎帝位，有大逆不道之罪，所以只能祭祖。祭祖能满足人生情感的需要，但不能满足信仰的需要，而且自春秋战国诸子百家学兴起后，天的神圣和神秘也受到极大的怀疑，善谈天道的道家更将天解释为自然，放在已经觉醒的理性砝码上去衡量，所谓天很难继续作为信仰对象或崇拜的偶像。在这样的境况下，具象的神仙自然就成了信仰和崇拜的重要补充。而神仙信仰，起源于民间，崇拜神仙的形式同样也起源于民间，不是按照经典礼仪创制的。所以，神仙信仰自下而上延伸到社会上层。

另外，自明清以来，道教的斋醮活动多与民俗密切相关。在宫观中，为礼拜神仙或纪念祖师而举行的斋醮道场，很多都演衍为庙会，如农历正月北京白云观的燕九节庙会，农历四月由碧霞元君等女神圣诞而形成的泰山庙会等。在民间，作度亡醮是道士的一项重要活动，民间的送葬仪式，披麻戴孝本诸儒家礼仪规制，而诵经度亡则属道释所为。儒释道三教，都渗透到民俗活动中。

道教斋法，在兴起时便与民间习俗有着很深联系。这种联系，在佛教徒看来，正是道教深可诟病之处。但是，民间不正是宗教赖以生存的土壤，民众不正是宗教推行教法的主要对象吗？为什么一定要鄙薄民俗、竭力成为象牙之塔里的精英文化呢？尊重民俗、适应民俗，而后因势利导，使之朝着文明规范的方向发展，也许正是宗教慈爱民生的应有情怀。

从这个角度看，能够在接近民俗中推行善道教化正是其优点。同样，道教在宋元以后也日益接近民俗，即学者所谓世俗化，并以这种途径最终融入中国的社会生活。明太祖有《御制玄教斋醮仪文序》说："朕观释道二教，各有二徒，僧有禅有教，道有正一有全真。禅与全真，务以修身养性，独为自己而已，教与正一，专以超脱，特为孝子慈亲之设，益人伦，厚风俗，其功大矣哉！虽孔子之教，明国家之法严，旌有德而责不善，则尚有不听者，纵有听者，行不合理又多少？其释道两家，绝无绳愆纠谬之为，世人从而不异者甚广。官民之家，若有丧事，非僧非道，难以殡送。右不用此二家殡送，则父为子孙者是为不慈，子为父母是为不孝，耻见邻里。"

所谓"益人伦，厚风俗"，用现代语言说就是产生社会效益，能够增进人文情怀和社会凝聚力，能够潜移默化一种去恶扬善的观念。当然，社会是变化发展着的，习俗虽然是现实，但对陋习陋俗必须有所革除。民间风俗改变了，礼仪制度改变了，宗教形式也应该有相应的变革。如果宗教保存太多的陈规陋习，那么会失去活力。

后来者所作的调整，主要是针对其归属道派的未当之处而进行的。如宋文明的《灵宝经义疏》，既在陆修静甄辨整理灵宝经的基础上进行疏释，又在所列灵宝斋法中，取其九等斋之六，摒去洞神三皇、太一、指教三种非灵宝派的斋法。

唐宋时，由于新道派的出现以及某些道流的增饰，道教斋法演衍颇多。斋法不断地演衍，也就需要不断地统合。大约出于宋代的道书《金箓大斋启盟仪》，条例二十七品斋法，是对唐宋时斋法演衍比较系统的一次统合。

二十七品斋，包括了在宋以前的各派斋法。此书将各种斋法一概推源于灵宝，如说："其间施设虽有不同，要其归，则不能出于灵宝之范围也。"这个说法并不确切。灵宝斋虽为道教斋法的主流，但并不因此阻断其他道派因地域性民间礼俗，而形成新的斋法。又说："夫斋法自玄一三真人始授太极葛仙公，以至互相授受，分宗演派。"这个说法的背景，大概是宋代人特别浓厚的道统观念，似乎一切礼法文明，都是某个圣王或贤哲开创，在后来的递相传授中，分宗立派。这种观念，从一个角度反映出文明发展的历史联系，前代的文明，总是后代文明发展的基础，也反映出在文化同源的前提下，形成一种强烈的民族认同感和凝聚力。但礼法文明的历史发展，并不真实地就是这么回事。礼法文明的历史发展，总在不断地因应习俗风尚而有所创造，并不只是简单的以授受方式所进行的继承。

## 醮祭的起源

醮，在经典礼仪中，是士人加冠和婚娶时所举行的一种仪礼，而作为一种祭仪，则来源于民间习俗。同时，由于南北方礼俗文化有很大差异，大体上说，北方崇奉经典礼仪，南方颇应民间习俗。宋以后的道教，将醮作为祈祷祭礼的主要仪式，是南方民间习俗的发展和规范化的过程。

道教的醮祭仪礼，是由东晋南朝时的灵宝派兴起的。灵宝派的活动中心，在江南的东吴。南北朝后期，醮祭仪礼随三洞经书的北传，也流传到北方，但北朝以至唐初期的北方学者和道士，对这种醮祭仪礼往往有所抵触。如北齐颜之推在《颜氏家训·治家篇》中，从家庭生活的角度，比较江东、邺下与河北的风俗，对邺下风俗既持鄙夷的态度，又认为河北风俗"大优于江东也"，最后告诫说："吾家巫觋祷请，绝于言议；符书章醮，亦无祈焉。并汝曹所见也，勿妖妄之费。"唐初期长安清都观道士张万福，则直斥醮祭是"鄙俗"，见于其著《洞玄灵宝道士受三洞经诫法策择日历》。

醮祭仪礼在被拒斥中流传到了北方。唐宋以后，醮祭甚至成为道教中的经典礼仪，道士持之以为帝王祈福、为国家祷告太平。

道教的醮祭仪，唐宋以后日为道教所重。但醮仪究竟兴起于何时，却因有关资料很难梳理，仍没有确切答案。

根据我们所掌握的资料，醮祭之法最早在《洞玄灵宝道学科仪》中有记载。此书卷下《醮请品》说："凡是道学，当知修请利益，有心有身。身既由他未度，天道有所修救，须存醮请法门。内外杂三教中，此当杂教。内则起心，外在苦身。醮即一名，自有九品。一者五帝醮，二者七星醮，三者六甲醮，四者三师醮。此四醮皆请天神，当修馔时，尤须洁净，果具并令丰新，不得市诸火熟非严整食，非洁净食，非一心食，非救苦食，违者天神不降也。又有五者五岳醮，六者三皇本领，七者三一醮，八者河图醮，九者居宅醮，十者三五醮。此六醮并请地神，当修馔

道教仪礼

时，尤须洁净，果具并令丰新，不得市诸火熟非严整食，非洁净食，非一心食，非救苦食，违者地神不降也。凡设天神地神醮，诸设醮人及师，当先斋净沐浴，然后始行法事。"

文中所说的内外杂三教，盖指内斋、涂炭斋等外斋以及醮祭。其说以醮祭为杂教，可见醮祭是斋法的补充。再从醮有九品的说法看，似乎醮祭法门已经历了很多年代，所以有诸多品目。其中如五帝醮、三一醮，或有可能从楚国礼东皇太一的风俗中衍变而来。《史记·封禅书》说：

"亳民谬忌奏祠太一方，曰：'天神贵者太一，太一佐曰五帝。古者天子以春秋祭太一东南郊，用太牢，七日，为坛开八通之鬼道。'于是天子令太祝立其祠长安东南郊，常奉礼忌方。其后人有上书，言'古者天子三年壹用太牢祠神三一：天一、地一、太一'，天子许之，令太祝领祭之于忌太一坛上，如其方。"

这是汉武帝时候的事情。奏言其事的谬忌是亳人，亳在战国时代属楚国。道教的五帝醮，或许与"太一佐曰五帝"有某种关联，三一醮则可能是从祠三一变通出来的，但时代久远，其中可能有一些名实变化，道教的醮祭用果酒，与谬忌所奏方用太牢不同。用太牢属于牲祭。

晋宋之际醮祭已兴起，但与斋法比较起来，醮祭是次要的，陆修静所著科仪类书，没有记载醮祭的内容。醮祭的盛行，在南朝梁陈时，如法琳《辩正论》卷二说："从汉末张道陵以鬼道行化，遂有道士祭醮。爰及梁陈，盛行于世。"同书又说："茅山道士陶隐居撰众醮仪凡十卷，从天地山川，星辰岳渎，及安宅谢墓，呼召魂神。所营醮法，备列珍奇。"众醮仪今不存，是否为陶弘景所撰，也不得而知。大概唐初有这么一本专讲醮仪的书，从南朝流传下来，其醮祭之法，甚是烦琐。

唐初武则天当政时，醮祭活动很是频繁，而且规模越来越大。陈垣《道家金石略》所收数通岱岳观碑，屡载其事。如仪凤三年（678年），道士叶法善奉敕设河图大醮；天授二年（691年），道士马元贞等奉敕"章醮投龙，作功德一十二日夜"；圣历元年（698年），道士桓道彦奉敕设金箓宝斋河图大醮，两度投龙；长安元年（701年），道士赵敬等奉敕修金箓斋三日夜，又于观侧设五岳一百二十醮礼；长安四年（704年），道士周玄度等奉敕于名大川投龙壁，作金房度命斋三日夜，又陈设醮礼；等等。每次斋后，皆设醮礼。针对这种风习流传，当时即有道士予以排斥。张万福《洞玄灵宝道士受三洞经诫法箓择日历》说："昔尝游江淮吴蜀，而师资付度，甚自轻率。至于斋静，殊不尽心。惟专醮祭，夜中施设。近来此风少行京洛，良由供奉道士多此中人，持兹鄙俗，施于帝里。"

这是一个北方道士对南方风俗的排斥。因为在他看来，"奏章设醮，元不及三洞上法"。三洞上法指斋戒。斋戒有整洁身心、使人精神专一等宗教内涵，醮祭则主要是一种仪礼形式，而且有佞神的意味。与斋戒的宗教内涵比较起来，醮祭只能谓为"鄙俗"。

最后北方也流行起南方的"鄙俗"，并受到北方帝廷的尊重。这在张万福看来也许是一件怪事，内涵深蕴的斋法受到缺乏内涵的醮祭的冲击，似乎没有道理，所以他归结为人事原因。所谓"良由供奉道士多此中人"，意谓行醮礼的道士大都来自江淮吴蜀。唐初期，活跃于长安的道士多来自南方，这是事实。但醮礼在北方盛行并受到朝廷尊重，原因恐怕不像张万福想得那么简单。

## 道士的常用法器

法器在道人的宗教生活和道教的斋醮科仪活动中有着重要作用和意义，有的法器对于全真道士来说，是相伴终身、须臾不离的物件。法器，顾名思义，就是道人在做法事时所用的器物，但是，一些全真道士在日常生活中，也经常佩带和使用法器。道教法器的样式多，种类多，材质各不相同，但是按其用途和宗教含义来说，大致有这样四个方面：一是在斋醮法事里，法器具有沟通神灵的作用。法器的音响能够上达天庭，下送地狱，把主持法事的高功法师的意愿、祈求转达给神灵、幽冥，以达到人神互感交流、天人感应的目的；二是正一派道士在符箓道场里，用于避邪、驱鬼、伏魔、降妖，达到扶正祛邪的愿望；三是全真道士随身携带或佩带，用于避邪伏魔，并有防身之用的；四是在道教的科仪里，用于演奏道教音乐或进行伴奏，烘托宗教气氛，营造神秘天上人间的特殊氛围。

道士斋坛使用的法器，据张泽洪在其大作《道教斋醮科仪研究》中介绍有帝钟、圭简、如意、玉印、法剑、法尺、

道士法器——如意

法绳、令牌、净板、手炉、甘露碗、龙角等，以及作为打击乐器的木鱼、钟、磬、鼓、铛和铙钹等共 18 种。事实上，还有一些，比如镜子、剪刀、令旗、茶叶米等，没有被提及。

这里，我们将根据周作奎先生在《法器在道人生活及斋醮科仪活动中的运用》一文中的研究，择取部分在道教科仪道场里经常设置的法器做一下介绍。

（1）斗。斗即星辰，象征着宇宙。道经《洞真太上飞行羽经九真升玄上记》中解释说，斗为"阴阳之根本，二象之玄纲"。当然，祭祀宇宙是为了祈求天下永远太平和稳定。

（2）灯。在道教的法事道场中，灯是较常用的法器。灯，就是用香油点燃的长明灯，通常它都会被放在坛场神坛的中央。其目的是代替日月星辰发出光亮，为孤鬼亡魂照亮超度往生的道路。道经说："灯供养，普照万天中，激滟照明幽夜狱，银灯开出曙光腾，直至蕊珠宫，三界上。火树玉玲珑。万道霞光辉碧落，五色激滟照酆都，天地悉皆通。"

（3）剑。在古代战场中，人们经常把剑作为兵器，后来因为其刃口较为锋利，被法事道场假借来降妖除魔。在道教法器中，剑有两种类型：一是用金属制造的剑，其材质有铜和铁，二是桃木剑。金属造的剑，刃口锋利，正反两面刻有七星，通称七星剑，通常都是阴阳两把被放在神坛上合用。高功法师在做法事时，口中念动咒语，双手舞动法剑，任何妖魔鬼怪都会被杀死。

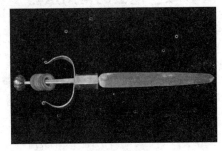

道士法器——法剑

而桃木剑都被挂在法坛的入口处。在民间，传说桃木可以避邪降妖压灾。《道书援神契》："古者拔除不祥用桃木，后羿死于桃棒，故后世逐鬼用之。"

（4）镜。在宫观和坛场使用的镜子都为圆形，而道人则将其称为照妖镜，并悬挂在坛场神龛的正上方。在信奉道教的人看来，这些照妖镜能够照出魑魅魍魉的原形。《抱朴子》在谈到镜子的作用时说："是以古之入山道士，皆以明镜九寸已上，则老魅不敢近人。"

（5）令牌。在中国古代，当政府衙门断案结案的时候，在案头拍令牌表示决心已下，立即行动。而举办法事道场的根本目的是召役天兵神将，驱走妖魅，以保全生者。所以，对于高功法师来说，令牌是非常重要的法器。道经《道法会要》指出，坛场上"或问变神之道如何？师（指法师）曰：元始祖劫一气分真，我即元始，元始即我。此即谓之变神"。在高功法师在拍下令牌的时候，口中也会念道"急急如律令"的咒语，将天兵天将瞬间召来。此时就是法事的高潮。通常来说，宫观里的令牌都是用红色的枣木或枫木制作，质地结实而且较为醒目，大小与戏剧舞台上所使用的令牌相同。但是，道教用的令牌正面刻有"五雷号令"，阴面刻有"总召万灵"，其宗教色彩非常浓厚。

（6）木鱼。无论是在佛教的寺院里还是在道教的宫观里，最为常见的一个法器是木鱼。木鱼用优质木材制成，从外形上来看如同鱼，其中心已经被掏空，如果敲打它的话，会发出清脆响亮的声音。木鱼的用途有二：一是在诵经的时候，边敲打边念经，随着木鱼声音的高低快慢，诵经则有抑扬顿挫的韵律。二是较大的木鱼，因为其有很高的音量，所以在很多时候可以代替钟鼓来进行发号施令。《百丈清规·法器章》："相传云，鱼昼夜长醒，刻木象形，击之，所以惊昏惰也。"这说明，在诵经的时候如果敲木鱼，旨在警醒诵经的人，在修行的时候不允许有丝毫懈怠，必须勤勉自励，只有这样才能修成正果。

（7）笏板。在中国封建社会中，大臣们每天早上都需要到金銮殿商议国家大事。如果向皇帝汇报工作的话，大臣们需要双手举着一块笏板，笏板背着皇帝的一面上简单写着应向皇上汇报的事项。在道教的坛场中，高功法师也需要双手捧定笏板，面向天帝，宗教意义深刻。首先，意念中上达天庭的符箓咒语，都写在了笏上；而天帝神仙的旨意，也全录在板中，所以一定要谨慎行事。其次，手捧笏板谒圣，其寓意是用其遮挡自己，不能直接面向天帝，否则就会冒犯他。道经《洞真太上太霄琅书》载，笏"以竹为之，长二尺四寸，宽三寸，厚三分，饬以象骨，加以鱼须，持之于手，插笔于头，君上有命，恐勿有忘，是以书之，使勿漏失，遵奉施行，记之简牍"。

（8）法尺。因为人们认为桃木可以驱鬼辟邪，所以在道场中所使用的法尺都是用桃木所做。法尺的长度基本上等同于民间丈量用的市尺，约33厘米。但是在法尺中，刻有一些专门的咒语和符箓图案。而其主要的用途也是用来衡量。在高功法师的思想中，用尺法评判孤魂野鬼的表现，然后划出善恶类别，区别对待。

（9）印。印也被称为法印或印记，其主要的作用是标识。"通言印者，印定诸法，不可移解"。其基本意思为，凡是宫观的诸般通天达神的法文，只要加盖法印之后就不能再更改了。在宫观和坛场里，慎重起见，凡是道人向天庭神仙进献的东西都必须加盖法印。因为只有加盖了法印，才能证明东西是出自教门之手，而神仙才会接受。通常来说，一个宫观或一个体系的宫观只能有一枚法印，这充分体现了宫观的威严。另外，法印也是有大小的区别，没有一定的规格，形式多以正方形为主，字体多以篆体为主，材质以汉白玉等名贵石材为主。

（10）如意。《据太清玉册》记载，如意曾是黄帝战蚩尤的兵器，后来逐渐被改革成为"天真执之，以避邪魔"的法器。道教所尊崇的天神灵宝天尊手捧如意，不仅能够镇压邪魔，而且能带来吉祥。道教宫观都把如意安奉在神龛前的香案上。如果有法事道场或者是其他一些重大的宗教活动，当家方丈把如意捧在手中时，仪式才能开始。

另外，在民间，道士的一些法器也广为流传，通常被用来避邪驱魅，例如在结婚的时候需要在接新娘子的大厅门上悬挂着背面插有镜子、尺子、剪刀的米筛。

## 知识链接

### 道士的修炼

古代关于道士的修炼有过许多名称，如修道、修真、修仙、修为、修养、修丹、修持、内丹、内养、内炼、内修、摄养、炼养、丹鼎、炉鼎、炼丹、丹道、仙道、摄生、养生、卫生、长生术、神仙学、金丹大道等，现在一般称为"修炼""修持"。

道士们在神仙信仰的支配下皈依道门，接受宫观内种种约束，踏上了"修道"之路。道士们据其所受的道教教义，相信至高无上而又永恒存在的"道"可以通过自己刻苦的修炼而获得，且修道者一旦与这个"道"合为一体，便可以达到物我两忘、长生不死、自由自在的境界。因而"修道成仙"是道士们的神圣选择，成了他们修炼生活的主要目的。为了"得道""成仙"，他们采取了种种自以为行之有效的手段，因此，千百年来，道家史上也就衍生出了一系列的修炼方术。

# 第五章

# 古代道教名人与著名道士

　　在中华文明的数千年中，涌现出一代又一代的道士，正是他们推进了道教的发展，创立了道教的不同派别，将道教思想不断深化，让道教从先秦延续至今。可以说，道教孕育了道士，而道士也反哺了道教。

## 第一节
## 先秦至魏晋南北朝时期

### 道家鼻祖：老子

　　一般来说，人们认为的确有老子这个人，是孔子的前辈。但是《史记》中关于老子的记载非常少，甚至是含糊不清。《史记》大体记载如下：老子是楚国苦县厉乡曲仁里人，姓李名耳，字伯阳，谥曰聃，曾经在后周图书馆工作。孔子到周之后向老子请教关于礼的问题，之后，孔子的弟子问孔子：老子这人如何？"孔子惊叹为不能知其乘风云而上天的龙"（《史记》）。老子将自己学说的中心定为"自隐无名"，重视道德修养。他长期住在后周，后来当周逐渐衰弱的时候，就去了函谷关，而且受关令尹喜之托而写了上下两篇关于道德的文章，后世将其称为《道德经》，但"莫知其所终"。《史记》中记载，除了老子之外，还有一个老莱子，他也是道家代表人之一，与孔子处于同时代。有的人说其实老莱子就是老子，有的人不同意这种观点。

　　的确，《史记》中关于老子的记载不是很明确。总之，在公元前2世纪左

老子雕塑

右，老子只是一个传说人物。后人给其取名为"李""伯阳"，谥法中也没有聃这个字，可以说老子的姓名根本是不准确的。因为老子名耳，所以波尔·伯里将老子与有拉长耳朵习惯的猿族联系起来，把老子看作是猿族人，但这是没有根据的臆断。除此之外，元代的《历世真仙体道通鉴后集》卷1中关于老子的情况写道："圣母因攀李枝忽从左腋降生……万鹤翔空……九龙荐水……降生之时，即行九步，步生莲华，左手指天，右手指地，曰：天上地下惟道独尊，我当开扬无上道法，普度一切动植众生，云云"（无上元君条）。这当然也只是一个传说。

因为《史记》的记载也有不可信之处，所以有人开始怀疑老子这个人是否真正存在过。但有一点可以确定的是，既然后人能够记载出这样一个人物，其在现实生活中也一定会有一个以他为基础的某个人物，而且认为这个人或许就是战国中后期具有反儒思想的民间卓越思想家之一。无论如何，现在我们所了解的老子也许并不是历史上的真实人物，只不过是道家所尊崇的开山祖师罢了。在《史记》中还有孔子去周向老子问礼的记载。当时的道家处于儒家的对立面，而且孔子被称为儒家之祖，因此《史记》的记载或许不是事实。它不过是在秦或前汉初期由道家故意奚落儒家而编造出来的。除此之外，《道德经》或许也不是真实的。就像后面所介绍的那样，因为从《道德经》的内容来看，它不可能是由一个人创作的。之所以将《道德经》与老子相联系，或许只是为了给人们留下一种深刻的印象。除此之外，老子把《道德经》授与尹喜后便"莫知其所终"，当然，这为后来的化胡说提供了证据。化胡说指老子到印度成了释迦，或说度释迦为弟子。而受教化的当然是当地的人，这就是佛道两教同源说。总而言之，关于老子的学说到现在也不是特别清楚。而与老子相联系的《道德经》究竟有什么样的内容呢？

《道德经》的思想表现出独特的人生观和处世哲学，其基本特点就是人要顺应自然，相信自然的能力。它与儒家、墨家、法家等提倡的人本主义有很大的区别，它认为自然规律是不可抗拒的，所以他们从来不关心国家政治问题，而只是关心如何顺应自然和服从自然规律。换句话说，自然界的问题更重要。但这并不说明道家一点也不关心政治，它以"无为"作为手段来谈论统一天下，这种消极的绝对主义是超政治的政治思想，他们所认为的理想社会应当是建立"小国寡民"的消极国家。在战国中后期，所有的思想界都致力于建立统一的国家秩序。可见，《道德经》形成于战国末期到前汉初期。

也就是说，《道德经》是将战国中期到前汉初期社会上流行的、具有自然中心主义倾向的许多民间思想家的格言、谚语归纳整理而成的。而进行归纳整理的人应该就是隐士。所以，《道德经》产生于统治阶级信奉儒家思想的时代，是反儒的产物。

《道德经》的中心思想是"道"。《道德经》认为，儒家思想只是具有相对价值，并非真正的"道"，而道家所主张的思想才是真正的"道"。《道德经》的表现或比喻手法是讽喻性的或极端的。例如，其多次使用"虚无"或者是"无"这样的字眼儿，很容易使人将道家思想理解为虚无主义。但他们并非单纯的否定，而是在积极的自我主张之上的否定。所以将其定位为虚无主义是错误的。那么它所主张的"道"究竟是指什么呢？简单来说，归为以下五条：

（1）眼、耳等五官不能感觉的、难以形容的存在。

（2）万物之源。

（3）万物离开"道"则不复存在，尽管不能一概而论。

（4）"道"的作用是"无为"，它是万物形成之根本，此种作用亦称为自然。

（5）超越时、空而无限存在，永恒不变。

这里需要做出说明的是，因为没有一个准确的词可以形容"道"，所以用"一""大""无"这样的词来形容。而关于"道"的性质则多用"玄"来表述。"道"是万物之源，它以独特的方式而存在。它使一切物体都存在，而作用就是"无为""自然"，所以强调"无为自然"。所以，《道德经》所强调的"道"可以理解为宇宙本体。而前面所提到的殷代的上帝，周代的天，都是宇宙本体中的一个方面。所以，"道"可能就是上帝，这需要进一步研究。当然，宋儒家思想受其影响非常之大。

西欧学者通常把"道"译成 Way，或许就是借用的"道"为宇宙本体这一观点，但有的人也翻译为 AGod。因为，"道"有超越时空而永恒不变的性质，所以可以将其理解为具有神的性质。从这个方面来说，翻译为 AGod 也是可以说通的，但通常不这样翻译。道教形成后，在经典中不断出现"道云"等字眼，并从"道"引申出众多神，所以，在把《道德经》作为道教的经典之一时，采用此种翻译也是可以的。

因为"道""是万物形成之源，所以可以理解为宇宙之本体。如果能够明白这一点，就可以和绝对者合二为一，在《道德经》中，这被称为圣人。当然，这个圣人是否为偶像化的老子还不能确定，但是如果想要成为圣人，必须要无欲或寡欲，必须知足、安分。在道家看来，除了自然，仁、义、礼、智、信都是知识浅薄的人捏造出来的，所以应当彻底废除德。后来，这种学说被道教吸收，道教要求道士们必须无欲、清净。后面所提到的12世纪中期金代的真大道教在对信徒的训诫中明确强调"知足""安分"等。除此之外，道教也强调"无为自然"。于后汉末所创立的五斗米道要求信徒诵读《道德经》，因此，《道德经》与道教有密切的关系，但不能等同，因为二者在道义上区别明显。

## 神仙学说的大成者：葛洪

葛氏家族始于后汉光武帝开创王朝时建立大功的浦卢。浦卢由于功绩卓著而被授予骠骑大将军的称号，后住江苏句容县。据说其子孙代代均为高官，不妨说葛氏家族是后汉以来的名门。葛洪的祖父是吴国大鸿胪，父历任吴会稽太守和晋邵陵太守。葛洪13岁时，其父在任职中去世。在《抱朴子·外篇》卷50的自序中说，祖父、父亲均非常好学，好像他们对神仙思想毫无兴趣。

葛洪生于公元283年（太康四年）。当时，其父在任职中，可以想象他的童年生活是相当好的。但据说他在父亲死后，只得靠卖柴换取纸笔，"就营田园处，以柴火写书"，也许父亲在世时也不太宽裕。不过要说穷到如此地步也未免太过夸张，虽说处于西晋末的战乱年代，但经济情况发生如此急剧变化，使人很难理解。

葛洪16岁始读《孝经》《论语》《易经》《诗经》，吸收了儒学素养。"但因贫乏，无以远寻师友……但贪广览，于众书无不暗诵精持，曾所披涉，自正经诸史百家之言至短杂文章，近万卷"。他说，只是"河洛图纬，一视便止，不得留意也。不喜星书及算术、九宫、三棋、太一、飞符之属"，因此中途辍学（自叙）。可是在《抱朴子》中常常引用纬书，且对遁甲（采吉避凶之术）、天文等有独到见解，因此应当说对纬书等并非毫无兴趣。对神仙思想发生兴趣，似乎是从15或16岁时开始的。其动机虽不明，不过也许是受了葛玄及当时社会风气的影响。受传于郑隐的口诀也可能在此前后。

葛洪 20 岁时，郑隐预知张昌之乱会导致江南一带也将发生混乱。于是郑隐携带仙药，率领高足前往霍山。由此可见，葛洪师事于郑隐不过三四年时间。面对张昌部将石冰的进攻，葛洪唤起义军与之战斗。由于他的功绩而被授予伏波将军的称号。事平后葛洪为阅览过去未曾接触的著作启程前往洛阳，但当时正值华北地区八王之乱的高潮，于是打算折回故乡，又因乡里爆发陈敏之乱，结果未能如愿，陷入了进退两难的困境，于是到襄阳侍候嵇含。嵇含被任命为广州刺史，葛洪作为参军（属官）为募集士兵而先期去广东。当他离开襄阳后，嵇含被杀。尽管如此，他仍在广东逗留了数年。葛洪自离开故乡到留在广东的这段经历，也许是修习了神仙道。他遍历江南各地，拜访数百道士可能也在这一时期。通常认为葛洪师事于南海太守鲍玄即鲍靓，就在逗留广东期间。

葛洪客寓广东数年后回到乡里著《抱朴子》，可以推定，那是在公元317 年（建武元年），时年 35 岁。当年东晋元帝任命他为关中侯，此后一度又在王导手下做官，不过到了晚年打算炼丹药以求长生。他听说越南出产丹砂，就打算做广西勾漏县令，于是举家南下。到达广东后被刺史郑岳

葛洪雕像

强行挽留，不得已入广东罗浮山，一面炼金丹，一面著书，最后死于罗浮山，终年 81 岁，后世传为尸解。通常认为葛洪死于公元 363 年（兴宁元年），亦说死于公元 343 年（建元元年），享年 61 岁。其著作除《抱朴子》外，尚有《神仙传》《隐逸传》等多种。因此，葛洪不仅是一位神仙思想的狂热信徒，还有儒学及其他学问的素养，似乎还是一位颇有业绩的官员。《抱朴子》由于此原因，其理论性很强。

通过以上说明，一定有不少人认为《抱朴子》仅仅是一部阐述神仙思想的书。然而实际上该书分内外两篇，内篇 20 卷，外篇 50 卷，内篇是有关

神仙思想的记述，外篇是有关儒学的记述。因此，专家中有人认为《抱朴子》作为一个完整的统一体就有很多疑问，为何同一个人竟在一本书中阐述神仙学和儒学两种学问呢？

葛洪在《抱朴子》中对产生风雨、云雾法，形成山川法，驱赶虎豹、蛟龙和鬼神法，分形、隐形、晦暝法及改变姿形法，腾云游空法，遇火不热、入水不溺法，不觉寒暑法，随心所欲、千变万化法，避灾法等主要仙术类及其实践的具体方法；辟谷等养生的理论及其实践方法；多种长生不老药及其材料，特别是最上乘长生不老药金丹的名称及制作方法、药材及采药方法；神符的种类、用途及效验等，均一一做了具体而详尽的说明，强调这些并非虚构，还阐述了根据修行和服药之不同可以达到不同仙术阶段，并列举了天仙、地仙、尸解仙等神仙的种类。此外，还记述了当时已有的神符、有关经典的名称。于是这一切大体上已系统化。人们之所以认为通过著述《抱朴子》使神仙思想得以完成并体系化，其原因就在于此。另外，当时神仙思想是部分儒家和佛教批判的对象，葛洪强调神仙和仙术从侧面批判了儒家和佛教。

虽说葛洪的《抱朴子》是一部集神仙思想之大成的著作。但并非不加区别地收集过去存在的一切神仙说。例如，魏伯阳提倡的金丹说就未被葛洪采纳，他还排斥了张角和李宽提倡的道教式教义（李宽的教义称为李家道）。在仙术方面，葛洪认为分形和隐形等法只是一种小术而不太赞成。所以，应当说《抱朴子》一书是按葛洪自己的观点整理而成的，其学说中心是延年益寿，消灾治病，特别强调金丹。一般视金丹为长生不老的最上乘药物。然而人们欲服用金丹究竟始于何时，不甚明白，不过可以推测，可能是在葛洪之前不久。在葛洪之前似尚无人像他那样强调金丹的效用。可以说，葛洪把金丹和炼金术结合起来形成了一种科学的技术。从这个意义上说，《抱朴子》的内容也值得注意。另外，后人所说的金丹道即指为了长生而炼丹的思想和技术。

传授炼丹法须秘密进行，且只限少数人口传。因为是秘法，所以有许多禁忌，还有极为严格、必须遵循的规则。如入山采药草前须净斋七天，然后带上升山符在三月和九月择吉日出门，出门时须作周身三五法（似是护身法之一），"以明镜……悬予背上，则老魅不敢近人"，因此必须带镜，还要知道九字咒文。据说若发现药草，必须作禹步法采集。在《仙药篇》和《登涉篇》中还详细记载了其他要领。《抱朴子》还说，方士要清贫，这一点至关重要。

还有一个值得注意的特点，就是轻视祭祀、《庄子》和《道德经》。但又作为实践，重视道和玄，称老子为老君，当作神来对待。对这种矛盾的观点应当怎样认识呢？也许葛洪认为《道德经》《庄子》不是追求不死的著作。此外，他还吸收了纬书中的一些思想。可以说葛洪力图以不死为中心，把黄老、道家、纬书等思想同神仙思想结合起来说明神仙的实在性，遂逐渐形成了道教思想。

## 信奉天师道的书法家

王羲之（303—361年），字逸少，琅琊临沂（今属山东）人。东晋书法家。出身贵族，世称"王右军"。

王羲之的家族世奉天师道，是著名的天师道世家。他及他的子孙都继承家族传统，成为虔诚的天师道信徒。

王羲之的口才很好，说起话来像一个雄辩家，滔滔不绝，令人信服。他为人正直，不爱摆架子，加上又是个大书法家，其笔力遒劲，或飘逸如天上浮云，或矫健似水中游龙，因此，很受世人敬仰。

王羲之雕像

但是，谁也不会想到，幼年时的王羲之，却是反应迟钝、语言木讷之人，人们都不认为他是个旷世奇才。唯独他的书法，却令人刮目相看。

其实，王羲之7岁就善于书法了。12岁那年，王羲之偶然间发现他父亲王旷的一些藏书，他十分好奇，忍不住偷偷地拿来阅读，原来是关于前辈书法家论书法的书。王旷很奇怪，问："你什么时候发现我珍藏的这些书的？"王羲之只笑不语。他母亲在一旁对王旷说："他是在研究如何用笔的方法啊！"王旷听后很高兴，勉励他："你还小，这些书如现在传你，我怕丢失。还是等你长大后，我再给你吧!"王羲之并不以为然，他立即向王旷叩拜："我现在就想读这些书，要是等我长大了，岂不白白耽误了我的年华?"王旷听他这么一说，很佩服王羲之的高远志向，也就不再犹豫，将他的书给了王羲之。

一个多月以后，王羲之由于精心研读，刻苦磨炼，书法大有长进。王旷十分高兴，将王羲之的书法给女书法家卫夫人品评。卫夫人看后说："这孩子一定读过如何用笔的书了，他掌握了秘诀，他的字已经很老成了。"说着说着，卫夫人的眼眶湿润了，叹息道："这孩子的名声将来肯定要超过我!"

到了13岁那年，王羲之去拜访周顗，周顗对王羲之格外器重。吃饭时，家人端上了一道烤牛心，这道菜在当时十分时尚，可客人还没有吃，周顗却先割了一块，让王羲之吃。在座的人，都为周顗的举止奇怪，后来知道他器重王羲之，是因为王羲之的书法让卫夫人也感到吃惊的缘故。从此，王羲之名声大振，越传越远。

见王羲之学有所成，伯父王敦、王导也十分器重他。王敦对王羲之说："我们家出了你这样的杰出子弟，你应当不比阮主簿逊色啊!"

阮主簿本名阮裕，是一个名人，王敦对他很是推崇，在他看来，王羲之应该像阮裕一样，成为名流之辈。

王羲之、王承和王悦是王氏家族的三位优秀子弟。太尉郗鉴很看重他们，打算从他们三人中挑选一个做他的女婿，可选谁呢?郗鉴犹豫了又犹豫，最后决定派门人去王导家察看一番。王导闻讯，很高兴，让郗鉴的门人到他家的东厢房去，一个一个地看，然后再做决定。门人回到郗鉴那儿，向他禀报了经过。他说："王家的子弟个个出众，但他们知道我是来挑选女婿的，都表现出一本正经的样子，显得很拘谨。其中只有一个人例外，像与他无关似的，独自在东床上躺着，裸露着肚子，吃着东西，似乎压根儿就不知道我是来挑选女婿的。"

郗鉴听了，拍着巴掌，高兴地说："这个人嘛，就是我要挑选的女婿啊，他是谁?"门人一打听，原来他就是王羲之!于是，郗鉴就将女儿嫁给了王羲之。

王羲之的书法，遒劲飘逸，潇洒自如。他写了《祭北郊文》，在更换写有《祭北郊文》的木板时，工匠用刀刮字，想不到王羲之在书写时，墨汁竟没入了木中，足有三分深，怎么刮也刮不净!有一天，他刚写完《黄庭坚》，忽然听到空中有人说："你的书法连我都感动，更不用说凡人了!告诉你吧，我是天台丈人。"王羲之善写草书、隶书、八分、飞白、章草、行书，每种字体都写得很好，千变万化，自成一体。他的隶书、行书、草书、章草和飞白等字体，皆为上品。

东晋太宁三年，庾亮与王导等人辅立成帝，任中书令，苏峻、祖约作乱，庾亮仓皇出逃，南渡长江。苏峻、祖约等人的叛乱被平定后，庾亮重握兵权。王羲之给庾亮写了一封信，庾亮将他的信拿给弟弟庾翼看，庾翼看后，不胜感叹，对王羲之的章草大加赞赏，提笔给王羲之写了一封信。他在信中说："我以前有八幅张芝的章草，可惜在南渡的路上丢失了。当时，我还以为从此不可能再看到这样的墨迹了，心中自是十分懊丧。但是，当我看到了你给家兄的信后，眼睛一亮，那八幅章草仿佛又出现在我的眼前了。奇迹，真是奇迹！"

有一次，王羲之到他的弟子家去，弟子对老师招待得很周全，这使他感到很过意不去，想写几个字作为礼物谢谢他家。他的这个弟子，家中有一张榧木凳，凳面光滑，十分干净。王羲之一见，信手在凳面上题了字，其中一半是草书，一半是楷书。

吃过饭，王羲之告辞，弟子一直将他送回郡府。回家后，弟子发现，王羲之写在凳面上的字，已被他的父亲刮得干干净净，一字不剩。这下，他呆住了，连连跺脚，十二万分惋惜！

王羲之的书法，在当时已受到人们极力推崇，他有时也会自己夸自己，将他的书法与钟繇和张芝相比，说与他们不相上下，互为伯仲。细细想来，他这话其实是并不过分的。

有一天早晨，他看见一位老太太，带着十多把六角竹扇到集市上去卖。王羲之问："老人家，你的扇子每把卖多少钱？"老太太说："每把二十多文吧！"王羲之说："我给你题些字在扇上吧。"他说完就在每把扇子上各题写了五个字。老太太急了，说："我家里很穷，指望将这些扇子都卖了，一家人的早饭钱全靠它呢！你在扇子上题了字，将扇子损坏了，叫我如何再去卖啊！"王羲之安慰她："老人家，你先别急，别人如果问你，你就说扇子上的字是王右军题的。这样，每把扇子就可以要价一百文了！"

老太太将信将疑地到了集市，照王羲之的话一说，果然，她的扇子一下就被人抢着买走了。

过了几天，她又拿着扇子去找王羲之，要他再在扇上题些字。她不明白，扇子为什么经王羲之题过字后，不仅能卖好价钱，而且还卖得很快。

王羲之但笑不语，那老太太当然没法明白。

王羲之的墨迹，当年存世较多，共有真书、行书290幅，集成70卷；草书2000幅，集成80卷。他的这些墨迹，都是在唐朝贞观年间唐太宗下令让魏征、虞世南、褚遂良等人鉴定过的。同时被鉴定的，还有王献之、张芝、张昶等人的书帖，总共160卷，按照每人的书法数量，分别装订成册，然后盖上了"贞观"两字的印章。

《兰亭序》，又名《兰亭宴集序》《兰亭集序》《临河序》《禊序》和《禊帖》。

这是王羲之的一部重要作品，共28行，计324字。

他是在33岁时写的《兰亭序》。王羲之为什么要写《兰亭序》，他又是如何写《兰亭序》的呢？

原来，王羲之离开京城后，来到会稽，被会稽的山清水秀、名士会集的人文景观和自然风光所陶醉，很想在这儿住上一辈子。

会稽这个地方，不仅山清水秀，而且还有个风俗，为了消除灾难，躲避不祥之兆，人们常常于春秋两季在水滨举行"祓祭"。"祓祭"，也可解释为"修禊"，意思是"修"祭事。

穆帝永和九年，王羲之与谢安、孙绰等41人会于山阴兰亭"修禊"，每个人作诗，由王羲之作序。序中，王羲之不仅记叙了兰亭周围的景观，以及友人相聚的欢快，而且，他更是由此发端，触景生情，抒发了对于好景不长、生死无常的感慨。时间流逝，好像一切事物皆有始有终，唯有道才可以恒久啊！

## 山中宰相：陶弘景

陶弘景生于宋孝武帝孝建三年四月三十日半夜，第二天正好是农历夏至。有关他的出生，有一个有趣的传说。

他的母亲，人称郝夫人。在生陶弘景之前，郝夫人做过一个梦。自从孝建二年九月怀孕后，郝夫人并不知道会生下陶弘景的。那天晚上，她在睡梦中觉得肚子有点异样，一条小青龙突然从肚中飞了出来，向着东方冲天而起。

这真是个好兆头啊，郝夫人心中暗自欣喜不已。

第二天，她悄悄地告诉别人："我要生男孩了。"别人问她怎么会知道的，她将梦见小青龙的事情一说，别人也啧啧称奇。郝夫人还很自信地说："这个小男孩，日后必定会成为神仙！"郝夫人说这话也是有根据的，冲天而起的小青龙不是神仙的化身，那又是什么？而且，她在睡梦中看得清清楚楚，这条青龙竟然没有尾巴，按照神仙"无后"的说法，那就更是神仙的预兆了。

郝夫人的预测一点不错，她后来果然生下了一个男孩。这个男孩就是陶弘景。他确实有点同别的孩子不一样，看上去十分机警聪敏。到了五六岁的时候，他就能识字作文了。对于书法，陶弘景更是喜欢，即便是游戏，常常也会拿起笔、砚自己把玩。后来，他读的书越来越多，七八岁时已经读了千余卷书，文章也写得越来越好。

陶弘景在一个偶然的机会得到了一本书，他读着读着就入迷了。有人问他："你为什么如此喜爱这本书呢？"陶弘景说："青天离我们很远很远，可我觉得，通向青天的路就在我的眼前！"

原来，陶弘景读的这本书，就是葛洪的《神仙传》，这本书不仅使陶弘景对道教产生了兴趣，而且还改变了他的一生，从此开始矢志学道修炼。

陶弘景其人颇具神仙之相，趋然于世俗礼教之外。他的身高七尺二寸，皮肤细白有光泽，疏眉长额，神态清高，难怪见到他的人都会感叹："陶郎可真是个降世的神仙啊！"就连走在路上，行人也会争先恐后地看上他一眼。陶

陶弘景像

弘景没法，每次出门，只得在手中拿一把很大的羽毛扇，见有人围上来看他，便用扇子将自己遮一遮，久而久之，他养成了习惯，纵然是寒冬腊月，扇子也不会离手。

男子二十而冠，到了该婚娶的时候了，家里的人着急不说，别的人也纷纷到陶弘景家，与他父母议婚。陶弘景精力都在读书上，拒绝成婚。他父母见他立志学习，不再勉强，由他去了。实际上，陶弘景心中另有所图。自从熟读了葛洪的《神仙传》后，他对于修道成仙心向往之，决心孤身一

人，好生研习。

面对大量的道教典籍，他觉得自己以前读的书太少，根本就没有"破万卷"，于是就很少出门，将自己关在家中，日夜用功，涉猎的书既多且杂。

陶弘景出身名门望族，父母自然望子成龙，寄希望于他在仕途上有所作为，陶弘景如能沿着家学发展，必定也是个官场中的天才。但是，他无心仕途，心中想的只是道教。

这时，齐政日非，人心浮动，朝野上下，风雨飘摇，陶弘景的学道之心越来越坚。他觉得，普天之下，难有一方净土，唯有道家的三十六洞天，才是修身立命的好去处。

一连好几天，他去拜访京城中的"兴世馆"馆主孙游岳。这"兴世馆"，实际上就是一个道观，馆主孙游岳即孙真人。孙真人见陶弘景学道之心十分坚定，便细细答复了他的咨询，又传授给他许多道教的符箓。在"兴世馆"，陶弘景学到了不少道教知识，但他并不满足，想要更多地了解道教，为自己的入道打下根基。他决定出游名山，到那里去寻访真人，向他们求道。

陶弘景先是去了茅山。他在茅山四处寻访，果真寻访和搜集到了杨羲、许穆两位道教先宗的真迹，这些真迹都是他们留下的遗物。以后，他又向朝廷请假，一路东行至浙越之地，先后去了会稽的大洪山拜访娄慧明居士，去了余姚的太平山拜访杜京产，接着又到嵊山、到天台，拜钟义山，谒朱僧标，以及其他得道高人。这些世外高人都向他解疑释惑，倾力传道。此番东游，历时两百多天，陶弘景收益不浅，他搜集到了好几位真人的手迹，一共有 10 多卷。

陶弘景心向往之的"三十六洞天"，都是道教中著名的胜景，向为真人修身隐居之处。其间有个金坛华阳洞，位于伏龙山上。早在汉朝时，"三茅真君"曾隐居在这儿。陶弘景在茅山寻访真人时，去过华阳洞，对于那儿的环境，他感到很是羡慕，于是陶弘景决定辞官，去茅山隐居。而这一年，陶弘景年 37 岁。

陶弘景上了茅山，修馆筑道，尊

茅山风景

奉"三茅真君"为祖师，创立"茅山派"，此山从此便为道教茅山派的发祥之地。刚上茅山，他在华阳洞下，筑华阳馆。后来，又在积金岭立馆，称中馆，华阳洞下原先筑的馆，便改称为下馆。永元初年，陶弘景在茅山深处隐居，此处山深林密，与世隔绝，他很是喜欢，便在郁岗峰下再筑一馆，这便是上馆。至此，华阳上、中、下三馆便得以全部建成。他虽在上馆隐居，但将此馆一分为三，自己居上层，弟子在中层，接待宾客则在下层。

陶弘景向来喜好著述，他惜时如金，在茅山一方面修道，研读道家秘籍，另一方面对于天文地理、阴阳五行、医药本草等学术也认真研究，随着年事渐高，他的著书立说之志越来越坚定。

当年在朝廷的时候，陶弘景身为"侍读"，曾经为梁武帝做过"陪读"，梁武帝当朝执政，思念山中的陶弘景，极想请他出山辅佐。他派了使者，到茅山去找陶弘景，使者带去了他的信。梁武帝在信中婉转地表达了他的意思，他想让陶弘景放弃修道，在信中说："山中何所有，卿何恋而不返回？"

使者见了陶弘景，呈上了梁武帝的信，陶弘景徐徐展开，心中一动：这梁武帝到底是个念旧之人，但他哪里懂得山中的意境啊！

这时，一朵白云从他头上飘过，陶弘景突然感从中来，信笔在手，写下了："山中何所有？岭上多白云。只可自怡悦，不堪持赠君。"算是对梁武帝的回答。

梁武帝看了他的信，知他学道之心很难撼动，但仍抱着试试看的态度，多次派使者去请陶弘景出山，陶弘景仍然不为所动。有一回，陶弘景见梁武帝又派了使者，带着礼物来请他，他铺开纸，想了想，很快画了一幅图，让使者带回去复命。梁武帝一看，陶弘景的画，不要说构思奇特，画技出众，即便是他的用意，也实在让人叫绝。他在纸上画了两头牛，一头牛套着金子做的轭头，牛屁股后有个人用绳牵着，一只手挥起鞭子吆喝着、驱赶着；另一头牛呢，却在空旷的天地间，安然踱步在无边无际的草原上，自由自在，嚼食嫩草。这梁武帝也是个通情达理的人，陶弘景的意思岂能不懂，他顿时释怀，哈哈一笑，说："这个人啊，想要学一头自由自在的老牛，既然如此，我还有什么办法能够让他改变志向、轻易出山呢！"

梁武帝只好不再勉强陶弘景。

梁武帝在受封揖让的时候，沈约、范云等一班名士竭尽全力辅助他，但是，立国当有国号，梁武帝对此犹豫不决，一班名人也莫衷一是。他想到了

陶弘景，想让陶弘景为他拟定
国号。

　　陶弘景引用王子年的一首
"归来歌"，个中有"水刃木"等
字，遂以"梁"为应运之符，同
时还为梁武帝选定了受禅的日期。
梁武帝即位后，对陶弘景十分敬
重，尽管陶弘景拒绝出山，但梁
武帝每遇大事必派人求教于陶弘
景。陶弘景虽然人在深山，但他
也是个忧国忧民忧邦之人，所以，
每逢此时，他也会不厌其烦，尽
量答复梁武帝。这样，他便被人
称为是一个"山中宰相"了。

　　对于科学技术，陶弘景也有

梁武帝画像

很深的造诣。他制作了一只浑天仪，高三尺多，转动后，浑天仪上所刻星宿
与天体星座的位置完全相合。他又制作过一架"漏刻"，不必守着它，流水循
环，自会在旋转中表示十二个时辰。他个性相当随和，尽管有满腹学问，待
人接物却平易近人，所以不论是谁，见到他或与他接触，都感到很放松。但
他非凡的仪表和灵气，却让人敬畏。他的弟子正因为崇拜他的博学，这才投
奔到他的门下，心甘情愿地与他一起在茅山上隐居，一边修道，一边做学问。

　　武帝天监四年，陶弘景移居到积金岭东，行辟谷导引之术。他在山中隐
居了40多年，已经80岁出头了，然而，看上去，他的身体很好，精神饱满，
那样子好像同壮年人相差不多。大同二年，陶弘景预言自己要坐化了，那年
他已经85岁。坐化之时，他脸色如常，身体也能活动弯曲。在他居住的屋
内，香气弥漫，几天几夜都没有散去。朝廷知道后，专门下诏，赠谥号贞白
先生，追封中散大夫。

　　让人感到惊奇的是，陶弘景能妙解术数，他已经预知梁朝离灭亡日子很
近了，坐化之前留下了诗："夷甫任散涎，平叔坐谈空。不意昭阳殿，化作单
于宫。"这首诗，被他珍藏在一个盒子中秘不示人。直到他坐化以后，才有人
将陶弘景的诗拿出来示以他人。到了大同末年，满朝官员都竞相空谈，根本

不重视习武，以致发生了"侯景之乱"。在侯景篡位的地方，果然如同陶弘景在诗中所预言的一样，发生在"昭阳殿"。陶弘景为什么在生前备受梁武帝厚待，想来不是没有道理的。他有学问，更能预知未来，"侯景之乱"便是一例。实际上，就在梁武帝执政之时，陶弘景已经在为国事而忧心忡忡了。由于梁武帝治国不严，空耗国库，放纵国戚，虚浮不实，他为之曾经献给梁武帝两把宝刀，一把名曰"喜胜"，另一把名曰"成胜"，那意思恐怕是提醒梁武帝，治国当强。可惜的是，梁武帝虽然聪明，却没有悟出陶弘景的深意。要不然，陶弘景不会在坐化之前留下这首诗，"侯景之乱"是否发生也不一定了。

## 寇谦之改造五斗米道

五斗米道自汉末张鲁降曹后，迁移北方。张鲁去世后，教团发展处于停滞状态。其内部发生分化，一些祭酒道官私自传授教职，招收弟子，滥收钱物。曹魏末年，张鲁后裔发布的《大道家令戒》，劝诫道官道民要尊天奉道，持身守诫，企图整顿教团组织涣散、科律废弛的现象，但是收效并不大。西晋初，巴蜀地区的五斗米道恢复活动，出现了陈瑞领导的民间道团，陈瑞自称天师，"徒众以千百数"。西晋末，信奉五斗米道的巴夷首领李特、李雄率领部属从关陇地区返回益州，在青城山道士范长生的帮助下，建立了割据巴蜀的成汉国。到了东晋，五斗米道又在江南复兴，许多门阀贵族都信奉五斗米道。例如著名书法家王羲之的家族，就是世代信奉五斗米道的大士族。当时在江浙一带，还有钱塘士族杜子恭创立的一个五斗米道教团，信徒多达数万户，其中也有不少世家大族。杜子恭死后，其门徒孙泰继续传播五斗米道。

东晋末年，孙泰因卷入统治集团的内争，被执政者司马元显诛杀。其侄孙恩逃入海岛（今浙江舟山群岛），聚合徒众，欲图复仇。隆安三年（399年），孙恩乘晋末社会动荡之机，利用五斗米道发动大规模的叛乱。东晋统治下的会稽、吴郡等江东八郡同时俱起，杀长吏以响应之，旬日之中，聚众达数十万。孙恩党徒号称"长生人"，他们诛杀异己，掳掠财货，烧毁仓廪邑室。其后孙恩因兵败投海自杀，据说"妖党妓妾谓之水仙，投水从死者以百数"。他的妹夫卢循又率余众转战至广州，直至义熙六年（410年），才败于晋大将刘裕之手，逃至交州投水而死。

孙恩起义撼动了东晋王朝的统治基础，靠镇压叛军起家的刘裕，不久后便篡夺权位，建立了南朝刘宋政权。由于早期五斗米道主要传播于民间，常被农民起义利用。这种情况不符合统治阶级的利益，容易招致官方的限制和镇压，不利于道教的发展。因此孙恩叛乱失败后，南北朝时期一些出身上层士族的道教徒便出来改造五斗米道，试图使道教合法化。寇谦之便是南北朝道教改革的重要代表人物。

寇谦之（365—448 年），字辅真，冯翊万年（今陕西临潼北）人；出身世家大族；少好仙道，修张鲁之术，服食饵药，历年无效，据说其诚心感动上天，因此有仙人成公兴来降。有一天寇谦之去姨母家，见成公兴正在佣耕力作，形貌甚强，因带回家中，令其开垦舍南枣田。后来寇发现成公兴精通《周髀》算术，请师事之。公兴曰："先生有意学道，能否随我隐遁？"寇欣然从之，两人遂共入华山修道；后来又同至嵩山，隐居石室，采药服食，前后共 7 年。据说成公兴谪降期满，尸解飞升而去。北魏神瑞二年（415 年），寇自称在嵩山忽遇太上老君降临，告之曰："往岁嵩山神上奏天曹，说自从天师张陵去世后，地上修道之人无从师授；今有嵩山道士寇谦之，立身直理，堪处师位。吾故来授汝天师之位，赐汝《云中音诵新科之诫》20 卷。汝宣吾新科，清整道教，除去三张伪法，租米钱税及男女合气之术。大道清虚，岂有斯事？专以礼度为首，而加之服食闭炼。"

寇谦之自己编造了老君降临的故事。他的目的是假托神意来整顿道教，改造五斗米道的旧教义。据现存《老君音诵诫经》记载，寇谦之严厉批评了五斗米道自三张去世后组织涣散、科律废弛的弊端，指责祭酒道官私自传授教职，招收不良弟子，滥取道民钱物，伪造仙经药方，妄传黄赤房中之术，甚至利用道教诳惑民众作乱。他宣布将旧道法"尽皆断禁"，废除天师世袭制和祭酒私授职位契策的做法，革除交纳租米钱税的制度和男女合气方术，改行新的"乐音诵诫新法"。新教法特别注重奉守道诫和斋戒礼拜活动。寇谦之认为，修学长生之人必须奉诫礼拜，积累功德，解除罪过，才能感通仙官降临，接引学者飞升成仙。而服药内炼可以使人除病寿终，是求仙的辅助方法。他说："长生至道，仙圣相传，口诀授要，不载于文籍。自非斋功念定通神，何能招致乘风驾龙，仙官临顾，接而升腾……诸欲修学长生之人，好共寻诸《诵诫》，建功香火，斋练功成，感彻之后，长生可克。"寇谦之这种"专以礼度为首，而加之服食闭炼"的新道法，更符合统治阶级的利益，使道教得到官方承认。

北魏泰常八年（423年），寇谦之又假托老君玄孙李谱文降临，授给他《录图真经》60卷，让他"辅佐北方泰平真君"。次年，寇谦之从嵩山前往北魏首都平城（今山西大同），献上《录图真经》，又通过司徒崔浩的推荐，得到北魏太武帝赏识。太武帝派使者去嵩山祀神，并迎接在山中的寇氏弟子来平城，宣布崇奉天师，显扬新法，在平城东南建大道坛，供给道士一百二十人衣食，斋肃祈请，六时礼拜，每月设数千人大法会。440年，寇请求为太武帝祈福于嵩山，据说感动太上老君。至442年，太武帝亲自去天师道坛接受道教符箓，成为道教正式信徒。此后北魏历代君主即位后，都要去道坛受符箓，成为惯例。寇谦之被太武帝尊为国师，每当有军国大事，常向他询问"天意"。他所创的新天师道，在北魏兴盛了多年。直至公元548年，才被北齐文襄王罢废。从寇谦之开始，最高统治者承认了道教的合法化，使之成为官方的宗教。

## 知识链接

### 汉文、景以黄老治国

《史记》记载，由于汉文帝的皇后窦氏爱好黄老之学，这影响了文帝和太子，他们也读黄帝、老子的书，以黄老思想治国。汉文帝提倡节俭。有一次他想建造一座"露台"，预算需花费百金，相当于十户中等人家的家产。花费太大，文帝于是决定不造了。文帝穿着次等丝料做的衣服。宫中爱姬的衣服不能长到拖地，屋里的帷帐不许绣花；为他建造的陵墓只许用瓦器，不用金银铜锡为饰。他对内提倡节俭，减免赋税，对外与匈奴和亲而不用兵扰民，刑法宽松，专务以德化民，是以海内殷富，礼义大兴。汉景帝继承清静无为政策，几十年间，生产发展。国库里粮食太多，只好露天堆放；铜钱多得用不完，穿钱的绳子都腐烂了。文帝、景帝以黄老之术治国，使国家富足，人民安定，出现了"文景之治"。

## 第二节
## 隋唐至明清时期

### 被誉为 "药王" 的道士

　　孙思邈（541 或 581—682 年），京兆华原人，《旧唐书·方伎传》《新唐书·隐逸传》均有其小传。《旧唐书·方技传》载："思邈自云开皇辛酉岁生"，"永淳元年卒"。虽然这条记载很明确，但是如果与孙思邈的生平进行对照的话，就会发现其中存在很多问题。如果按照上述记载孙氏享年仅 82 岁，但孙思邈在《千金翼方》卷 26 中自述道："吾十有八而志学于医，今年过百岁，研综经方，推究孔穴，所疑更多矣。"所以，孙思邈究竟是什么时候生、什么时候死都是一个谜。但是其长寿是世界公认的。

　　孙思邈从小就聪明伶俐，勤奋学习，但是身体屡弱多病。为了治病，家里倾家荡产。他在《备急千金要方·序》中说："幼遭风冷，屡造医门，汤药之资，罄尽家产。"等他长大之后，他对于老庄和百家之说都特别了解，而且兼好佛典。因为经常生病，而且也了解生病的痛苦，所以孙思邈在 18 岁的时候就立志学医，"颇觉有悟，是以亲邻中外有疾厄者，多所济益"。在北周大成元年，孙思邈隐居在太白山学道、炼气、养形，研究长生之术。等周静帝即位，杨坚辅政的时

药王孙思邈雕像

候，他被任命为国子博士，但是却以生病为由拒绝了。在隋大业（605—618年）中，孙思邈游蜀中峨眉。隋朝灭亡之后，他隐居在终南山，与高僧道宣相友善。唐太宗李世民即位的时候，他被重新召回京城，因为其"有道"，所以被授予爵位，但是坚决拒绝了，然后进入峨眉山炼"太一神精丹"。在显庆三年（658年），唐高宗又把他召回，居住在鄱阳公主废府。第二年，高宗召见，任命谏议大夫，但是仍然固辞不受。在咸亨四年（673年），高宗生病，命令其随御。在上元元年（674年），以生病为由继续隐居。高宗赐良马，假鄱阳公主邑司以属之。在永淳元年，孙思邈死去，希望后人薄葬，不藏明器，祭去牲牢。在宋徽宗崇宁二年（1103年）被追封为"妙应真人"。

据传孙思邈对阴阳、推步、数术皆有涉猎，终身拒绝入仕，隐居山林并帮人看病。他亲自采药，为他人治病。他还经常到民间搜取偏方、秘方，总结临床经验及前代医学理论，为医学和药物学做出重要贡献。后人称其为"药王"。

孙思邈坚持辨证施治的方法，他认为只要人善摄生，就可以避免很多疾病的产生。只要"良医导之以药石，救之以针剂"，"体形有可愈之疾，天地有可消之灾"。他对医德尤为重视，不分"贵贱贫富，长幼妍蚩，怨亲善友，华夷愚智"，只要是看病，都同等对待。他极为重视妇幼保健，著《妇人方》3卷和《少小婴孺方》2卷，置于《千金要方》之首。

孙思邈将道教内修理论和医学、卫生学相结合，其医疗内容中也包括养生学。他认为人的身体会随着年龄的增长而发生变化，注意养生之道可以长寿。他在《千金要方·养性序第一》中特别强调老年人"唾不至远，行不疾步，耳不极听，目不极视，坐不久处，立不至疲，卧不至懵。先寒而衣，先热而解。不欲极饥而食，食不可过饱；不欲极渴而饮，饮不欲过多"，而且"兼之以导引、行气"及"房中补益"之术。

对于人的衰老过程的很多方面，孙思邈都进行了全面的研究。他认为老年人应当从事各种有利于老年人身体的活动，如调气、按摩、导引、行气以及散步……另外，他还从事对炼丹服食以至长生不老的道教方术的研究。他认为服食金丹而成仙是无法实现的，所谓"神道悬邈，云迹疏绝，徒望青天，莫知升举"也就是这个意思，他把炼丹作为制药的手段和方法，其主要目的是救急济危。

孙思邈积一生医学经验，著成《备急千金要方》和《千金翼方》。除此之外，还有《摄养论》《太清丹经要诀》《枕中方》等。在这些著作中，孙思邈总结了很多医疗经验和药物学知识，极大地丰富了我国的医学知识。

　　在民间，关于孙思邈行医的传说有很多，在这里略举一二。

　　有一次，唐太宗患病，太医们都束手无策，所以只好请孙思邈前来救治。孙思邈为唐太宗诊完脉，开了药方。唐太宗喝完了一剂药之后，没有任何起色，而又服一剂之后，情况依然没有好转。虽然这样，唐太宗也没有责怪他，而是让他先回家。看到唐太宗是这样的反应，孙思邈心里特别不好受。等他到达山脚下的时候，特别口渴，于是向山民讨水喝。这户山民只有姐妹俩，以卖药材为生。对于这位远道而来的客人，她们特别热情。姐姐用黄色花为他冲了一碗金花茶，妹妹用白色花为他冲了一碗银花茶。孙思邈每样茶喝一口，觉得味甘清淡，而且止渴清热，当即他就断定这两种花都可以入药。

　　姐妹两人听到孙思邈的话哈哈大笑起来。姐姐解释说："这两种药是同一种药，刚开花时白色，盛开时变黄，它叫金银花。别说是你，即使是孙思邈也不辨真假药呢，他这次在皇上面前可丢尽了脸。我们进城卖药，那些太监把我们的药全都拿走，而且只给了很少的钱。我们特别生气，于是就用假药骗他们，所以孙思邈也没有把皇上的病给治好。"此时的他已经明白了所有的事情，而且也告明了自己的身份，开始跟着两个姑娘学习采药、制药，了解各种药性。随后，孙思邈就采了一些新鲜的药材带回宫中，并把唐太宗的病给治好了。唐太宗接受了他的忠告，要太监上市买卖要公平，并封孙思邈为"药王"。

　　后来，孙思邈以金银花为"君"，甘草、生地、桔梗为"臣"，配制成"甘桔汤"方剂。即使是现在，凡是中医所开的"甘桔汤"都是从孙思邈而来。

　　孙思邈在治好唐太宗的病后就离开了，但是没有想到会引起开国元勋尉迟敬德不服。因为敬德认为他通过南征北伐为唐朝皇帝赢得了江山，最后只是被封为国公。而孙思邈只是进宫几天，把皇上的病给治好了，就得到如此殊荣。皇帝这样做真是太不公平了。敬德越想越生气，就决定将孙思邈的黄袍、玉冠夺回。于是他披甲上马，带领了几骑铁甲兵，就去追赶已经离开的孙思邈了。

其实，孙思邈在皇宫里就看出敬德有些不服气。他想，敬德性情直爽，既然他对这件事情不服，肯定要前来闹事。我本来就不贪慕虚名，何不将袍冠脱下来，这样不仅可以避免与敬德发生矛盾，还能方便采药。此时他已来到灞桥桥头，于是下马到柳荫下休息，卸下了玉冠，脱去了黄袍，仍然穿着自己的粗布衣服。果然，在他与徒弟休息的时候，远远看到大路西头尘土飞扬，几骑铁甲兵向灞桥奔驰而来，而跑在最前面的就尉迟敬德，满脸生气的样子。在他来到离灞桥不远处的时候，看到穿着粗布衣服的孙思邈，感到特别吃惊，于是勒住马，不再往前走了。他自言自语地说："奇怪！我明明看见他头戴冲天冠，身穿赭黄袍离开皇宫的，现在怎么这样的打扮？想必他一定料到我会赶来，所以提前脱去了黄袍，卸去了玉冠。既然这样，我为什么还要寻衅滋事呢？还是回去吧。"

正当敬德与随从勒转马头的时候，孙思邈却连忙起身赶到敬德面前说道："我早就望见国公了，请国公下马少停。"他又看了看敬德的铠甲，问道："请问国公全身披挂，不知又要到哪路去征剿？"

敬德见孙思邈这样问，于是下了马说："我是专门前来追赶先生的，想讨要一些灵丹妙药。"

没想到他会这样说，所以孙思邈哈哈大笑，紧接着又问道："国公身强力壮，精力充沛，并没有得病，为什么要灵丹妙药呢？"

"孙先生乃是神医下凡药力奇效，能够起死回生。听说先生配有一种金丹，能够预防各种疾病，我将这种金丹服后也好预防疾病的发生。"

于是，孙思邈就随手从药囊里取出了十八丸"八卦如意丹"，交给敬德，并叮咛道："这是十八丸灵丹，能够强筋壮骨，预防疾病，人畜皆可服用。你现在就拿回去存着，日后如果有问题的话可以服用。"

后来，在敬德出征之前，把孙思邈所送的那十八丸"八卦如意丹"服了十丸，把剩下的给马吃了。没想到，他在之后的所有战争中都立下赫赫战功，还得到了唐太宗的褒奖。

从此以后，敬德时常后悔对孙思邈的嫉妒，对孙思邈真正有了敬佩之心。

传说孙思邈后来修成正果以后，敬德为了报答他以前赠药之恩，还专门为其站班。所以，后人在给药王塑像的时候，同时塑上敬德在一旁侍立的像。

##  唐末五代的隐逸道士

唐朝自安史之乱以后，国力衰退，中央政权被宦官把持，地方藩镇军阀割据叛乱，政局动荡不安。唐末黄巢起义的冲击，使唐朝的统治陷于土崩瓦解，由藩镇军阀割据，演变为五代十国的分裂混战。四海辐裂，战火纷飞，政权更迭频繁。在这极度动荡混乱的时代，许多道教宫观被毁，道士星散，经书零落，这沉重打击了曾兴盛显贵的官方正统道教。

"五季之乱，避世宜多"。为了躲避战乱，在晚唐五代有许多文人儒士和失意的王公官吏隐遁山林，混迹市廛，"苟全性命于乱世，不求闻达于诸侯"。有些人因喜好道教仙术，成为道士。这些人中，就有对后来道教发展影响甚大的钟离权、吕洞宾、陈抟等人物。

### 1. 钟离权

钟离权是五代后晋朝的一位将军。据说，有一次他奉旨征伐吐蕃，结果打了败仗，并独自逃走。正在进退踌躇之际，忽遇一胡僧，引他去东华先生庄上。东华老人延之入庄，饮以麻姑仙酒，食以胡麻之饭，因谓之曰："功名富贵，总是浮云；战事胜败，皆为气运。曾见万古以来，江山有何常主，富贵有何定数？转眼异形，瞬息即逝。将军何必苦恋功名，劳思俗虑？"钟离权闻听这番言语，顿释虎豹之雄心，化为鸾鹤之恬念，即拜老翁为师。老人以长生秘要，金丹火诀，青龙剑法授之。钟离权从此看破红尘，出家学道。据说有上仙王玄甫知其道术将成，乃降下仙班，授其长生秘术。后又遇华阳真人传太乙刀圭法，内丹火符，又在崆峒山石洞中得真仙秘诀，就此道成仙去，白日飞升。

吕洞宾雕塑

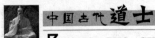

 2. 吕洞宾

　　吕洞宾的名声比钟离权更大。关于他行侠仗义、惩恶扬善的神话传说，自北宋以来流传甚广，几乎人人皆知。据宋人杨忆《谈苑》所述，吕洞宾大概是唐末五代一位隐士，本名吕岩，出身河东儒门望族。另据《能改斋漫录》记载，吕洞宾曾自作传记，刻石于岳阳。自称为关中京兆人，唐末累举进士不第，因游华山，遇钟离权先生授以金丹大药之方。复遇苦竹真人传授道术，能驱役鬼神。大概吕洞宾的家世生平与当时许多文人儒士相同，因生逢乱世，功名无望而退居山林，清心寡欲，全性保生。其自作诗云："闲来无事看青山，闷即街头货丹药"；"逍遥碧嶂青松下，坐看残花逐水流"。这种悠闲自在的隐士生活，正是历来道家所崇尚的人生境界。但是吕洞宾似乎还有欲图救世的心情未曾泯灭，所以常出游人间，以丹药济人，剑术除恶，留下许多行侠仗义、救世助人的佳话。据说吕洞宾之师钟离权道成飞升时，吕再拜曰："岩之志异于先生，必先度尽天下众生，方上升未晚也。"可见其人之古道热肠。

 3. 陈抟

　　陈抟是与钟、吕齐名的隐逸道士。据《宋史·陈抟传》等书记载：陈抟（871—989 年），字图南，号希夷先生，安徽亳州人（一说四川安岳人）；早年熟读儒家经书，尝应考进士，因为当时战乱，在功名道路上没有希望了，索性以山水为乐。自称遇孙君仿、麏皮处士两人，告知"武当山九室岩可以隐居"，乃栖隐武当，服气辟谷。后晋天福年间（937—944 年），陈抟游历四川，从邛州天师观道士何昌一学习"锁鼻术"，能闭息飞精。后又入关中华山隐居，所习益精。以善睡著称于世，"每寝处多百余日不起"。

　　陈抟虽退居山林，练习睡功，但也未曾忘却济世治国；尝揽镜自照曰"非仙而即帝"；又于寻仙觅真之际，寻求治国拨乱之道。后周世宗闻之，以为陈抟"必有奇方远略"，乃于显德三年（956 年）召陈抟入京，暗中考察其志向。据说陈抟关在房中酣睡一月不醒，又进献《对御歌》一首。其诗云："臣爱睡，臣爱睡，不卧毡，不盖被；片石枕头，蓑衣铺地，震雷掣电鬼神惊，臣当其时正鼾睡。闲思张良，闷想范蠡，说甚孟德，休言刘备；三四君子，只是争些闲气。怎如臣向青山顶上，白云堆里，展开眉头，解放肚皮，且一觉睡。管甚玉兔东升，红轮西坠。"陈抟的嗜睡，既是仙家练习的胎息闭气功夫（亦称蛰龙法），又可韬光养晦。周世宗无法察出其真实意图，便放他回归华山，诏令地方长吏随时注意其动静。其实周世宗应该防备的并非山野隐士，而是其朝中掌握兵权的将领。就在陈抟回山后不久，周世宗病逝，宋太祖赵匡胤随即发动陈桥兵变，废周自立。据说陈抟在路途中闻听宋太祖登极，大笑坠骡，曰："天下于是定矣。"于是进华山当了一名道士。

宋太宗时，陈抟两次应召入朝，入宫与太宗交谈。有一次太宗让宰相宋琪询问神仙方术，陈抟不但直言自己无方术可传，还指出白日升仙于世事无补，最好的修炼就是君臣同心同德，治理天下。又一次宋太宗向陈抟求问济世安民之术，陈抟索取纸笔书写"远近轻重"四字。帝不解其意，陈传解释说："远者远召贤士，近者近去佞臣，轻者轻赋万民，重者重赏三军。"太宗听罢大悦。陈抟临出京时，太宗在偏殿赐宴，诏宰臣赴宴赋诗，以宠其行。"由是海内无贤不肖，闻风而慕之，其愿操几杖以师事之者，不可胜数"。被后世的道教徒尊称为陈抟老祖。

唐末五代的著名道士，除钟离权、吕洞宾、陈抟之外，还有彭晓、施肩吾、刘海蟾、谭峭等人。他们活跃于江南、西蜀、中原、燕北诸地，对道教教义和方术的发展，特别是内丹术的发展有重要贡献。唐末五代，道教外丹术趋于衰落，内丹术起而代之。当时的隐逸道士纷纷吸收早期道教内炼形神、外服丹药之术，并融合儒家《易》学和佛教禅宗的修持理论，形成了具有较深哲理的内丹修炼功法。钟离权、吕洞宾两人，都以传习内丹术著称于世，被后来的宋元内丹家奉为祖师。陈抟在华山与吕洞宾为方外之友，也擅长内炼功法。据说，他曾从麻衣道者和吕洞宾处得到《正易心法》和太极图、先天图，用儒家《易》学原理指导内丹修炼，其学说对宋元道教内丹学及儒家理学的发展均有重要影响。刘海蟾、施肩吾、谭峭、彭晓等人的著述也以内丹修炼为主，因此都被后人归于"钟吕金丹派"，亦即内丹道派的先驱人物。总之，唐末五代隐逸道士发起的内丹热潮，对宋元时期道教的发展和变革，有极其重要的影响。

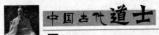

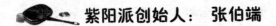 紫阳派创始人： 张伯端

唐末五代兴起的道教内丹炼养术，在宋元两代愈益兴盛，形成诸多派系。其内丹学说大多宗承钟离权、吕洞宾为祖师，故称"钟吕金丹派"。内丹学成熟于北宋后期。到了南宋与金元对峙时期，终于形成了以内丹修炼为宗旨的两大道派，即流传于南宋境内的金丹派南宗，以及兴起于金元之际的北方全真道派。

金丹派南宗，又称紫阳派，其创始人为北宋著名道教学者张伯端。张伯端（984—1082年），字平叔，号紫阳真人，浙江天台人。自幼好学，涉猎三教经典。曾任府吏之职，因触犯律法，谪戌岭南军籍，后随龙图阁学士陆诜转赴成都。据说宋神宗熙宁二年（1069年），他在成都遇见"异人"，授以金丹药物火候之诀，遂改名张用成，著《悟真篇》阐述内丹功法。其后又研习佛经禅学，撰写《禅宗诗偈》，附于《悟真篇》。传说他晚年皈依佛门，回归故乡，元丰二年去世。

张伯端的《悟真篇》是道教内丹学名著，被誉为"千古丹经之祖"。这本书以诗词歌颂形式阐述内丹宗旨及炼功方法，倡言性命双修，道禅融合。该书分为两部分，即正编和附录。正编讲述"养命固形之术"，也就是内丹"命功"修炼方法。其主要目的就是以人体内精气神三宝为药物，在修炼之后合成金丹。附录部分吸取佛教禅宗义理，讲述"达本明性之道"，也就是内丹修性功法。其主要目的是通过心性修养，达到返归虚无，证道成真。而修炼程序是先修命功，后修性功。

张伯端顺应时代思潮，倡言佛家、儒家、道家三教合一。在他看来，三教的思想的宗旨应当与"性命"二字相同。但是佛教的宗旨是空寂，主张顿悟圆通，直超彼岸，其教法"详言性而略言命"，所以有失偏颇。早期道教以炼丹养生为主，其目标就是长生不老，飞升成仙，但其方术"详言命而略言性"，当然，也存在很多不足之处。儒家学说的宗旨是在序正人伦，施行仁义教化，而关于性命修炼并没有详细介绍。所以，张伯端认为只有钟吕内丹派提倡性命双修，形神俱妙，才是唯一得到三教真传的"最上乘法"。所以《悟真篇》开篇即称："学仙须是学天仙，惟有金丹最的端。"而包括张伯端在内的丹术士们所追求的目标是学炼内丹以成仙。

道家思想对张伯端影响极深，张伯端认为人身是一个小宇宙，在人体内修丹成仙，必须与宇宙生成法则相反。宇宙万物的生成顺序是"道自虚无生一气，便从一气产阴阳，阴阳再合成三体（天地人），三体重生万物昌"。这个顺序是从无到有。而修炼内丹则需要颠倒逆行，也就是逆反"道生万物"的自然程序，使身中阴阳五行交合为一，炼形化气、炼气化神、炼神还虚，从而返本还元，复归于虚无，实现自我与无生无灭的道体合一，也就是永世长存。逆炼归元必须先识取人身中所藏"真铅真汞"作为炼丹药物。所谓真铅也就是下丹田所藏真阳之气，是为阴中之阳，喻作水中之金；真汞是上丹田所藏真阴之精，是为阳中之阴，喻为火中之水。当其阴阳交合，然后再加上"真土"的调和作用，就会使人体阴阳五行混合为一，结成金丹。当然，其具体的功法不为一般人所知。基本上是以意念调动体内精气，沿腹背上的任督二脉循环运转，入上下丹田中反复烹炼。先炼精化气，再炼气化神，结

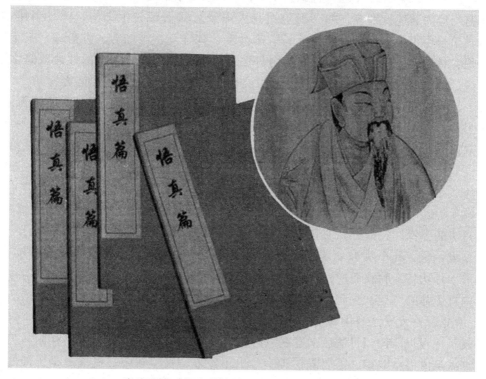

张伯端的《悟真篇》被誉为"千古丹经之祖"

成金丹，这就是命功；最后炼神还虚，称作性功。张伯端认为修性之法为"无上至真之妙道"，修道者如果只知道命术而不知道其中的道理，就不可能超越三界，了断生死。总而言之，张伯端内丹学说的要旨就是从道教命术入手，以佛教修性为用，道禅融合，性命双修，先命后性，而终归于成仙合道。

当然，张伯端的内丹学说也会后世产生了极大的影响。在其身后形成了专注内丹修炼的金丹派南宗。据《混元仙派图》等道书记述，张氏门下有四大弟子，即刘奉真、石泰、马自然、石淳一。石泰（1022—1158年）撰有《还源篇》，向薛道光传法；薛道光（1078—1191年）撰有《还丹复命篇》，向陈楠传法；陈楠号泥丸，撰有《翠虚篇》等书，其门下弟子最为著名的就是白玉蟾。白玉蟾原名葛长庚，号海琼子，海南琼州人；早年的时候富有文采，后来因为杀人逃到福建武夷山为道士，师事陈泥丸，而且学到很多东西，后来在江南庐山、武夷、平江（苏州）等地游历讲学。在宋宁宗嘉定年间（1208—1224年），白玉蟾被召入宫中，御前对答称旨，诏命馆于京师太乙宫。他的著述特别多，如《海琼白真人语录》《海琼先生文集》……当然，其弟子也很多，如彭耜、留元长、詹继瑞、陈守默、洪知常、方碧虚、王金蟾、林自然、桃源子……他们的内丹法基本上是继承了张伯端的性命双修之说，但是对心性修炼更为重视。其与佛教禅宗和北方全真道有类似之处。

张伯端至白玉蟾一派为南宗嫡系，因为主张独自清修，所以称清修派。另外，在南宋还有主张男女双修的内丹派系，他们也是出身于张伯端门下。双修派始于南宋初道士刘永年，刘永年传授无名子翁葆光。翁氏撰《悟真篇注》等书，以阴阳双修说解释《悟真篇》丹法。与翁同时的陈达灵，也主双修。张伯端的《悟真篇》，强调修丹须阴阳和合，书中多用男女、夫妇、婴儿姹女等隐语譬喻丹法，所以容易被理解为男女双修。翁葆光宣称《悟真篇》丹法的要旨，先以二八真阴真阳之物立为炉鼎，然后取先天一气归斯炉中，变成一粒，其个头大如粟米；在得到一粒之后，饵归丹田，然后运火烹炼，等十月功备，胎圆而成，就可以修炼成地仙，身躯化为纯阳。翁氏所说用作内丹炉鼎的"二八真阴真阳之物"所指的应当是少女。他认为，炼丹所用的"真铅"在女子之身中藏有，男子单修无法回阳换骨，返本还元，须有"丹友"才可以。阴阳丹法后来发展成两派，一派专讲男女交合，采阴补阳。另一派虽讲男女双修，需要隔体神交，男不宽衣，女不解带，成双静坐，神气相通，二气交媾而生成大丹。内丹的东西两派在明清时期这种说法都很流行。

宋代内丹学派还有许多，难以逐一列举。总的来看，各家内丹法大多主张性命双修，强调以先天元气为药物，以元神真意为内炼主宰。其性命修炼综合早期道教炼养方术，又吸收儒家《易》学和佛教禅宗思想。因此，道教内丹学的成熟推动了唐宋间三教合流思潮的发展。道教徒研修内丹，旨在解决长生成仙的宗教信仰问题。其说虽荒谬无稽，但内丹家重视研究生命的由来，重视人体养生，这对中国古代人体科学的发展有很多促进作用。

## 全真师祖——王重阳

宋徽宗政和二年（1112年）十二月二十二日，重阳子王嚞降生人世。他母亲在生他之前，做了个很怪异的梦，梦醒后怀上了他，24个月以后，才分娩生下了他。

金太宗天会八年（1130年），关中一带大闹饥荒，饿殍遍野，抢粮风潮迭起。在咸阳、醴泉两邑，王嚞家算是很富有的人家，他祖父见灾民甚多，拿出家中余粮，赈济乡民。但是，那些住在很远地方的灾民因为没有得到王家的赈济，抵挡不住饥饿，纷纷上他家抢粮，后来，连邻近的乡民也加入了抢粮的行列，王家被掳夺一空。

官兵迅即围捕灾民，抓了许多人，打算绳之以法。这一年，王嚞已经18岁。他目睹了这一切，为灾民求情，对官府说："他们都是被逼铤而走险的，倘要将他们治罪，我于心不忍，还是将他们放了吧。"官府听他说得入情入理，感到他这个人非常体恤民情，于是也就顺水推舟，将灾民全部释放了。王嚞的善举，传颂开来，乡民都对他感恩戴德。

金海陵王正隆四年（1160年），王嚞已48岁。一天，他忽然长叹："孔夫子四十而不惑，孟轲四十而不动心，我年已四十八岁，却仍然这样庸庸碌碌，没有作为，岂不愚昧？"从此，王嚞狂放不羁，弃礼教于不顾，不再检点和约束自己，亲戚朋友见他这副模样，心中很是厌恶，都说他是患了一种叫作"害风"的病。他对此一点也不在意，反而将"害风"作为一种自称。

不久，王嚞在刘蒋村建了一座庵庙，垒起的土有几尺高，向下挖了一丈多，活像一座坟墓。他将他的这个居处称为"活死人墓"，又号称"行菴"，也就是"鹰巢"。这还不算，他还在那立了一块方牌，方牌上写着：王害风灵位。同时，他在"活死人墓"四周各种了一棵海棠。与他住在一起的和公感

**王重阳像碑**

到奇怪，问他为什么这样，他说："我想使天下的教化日后能够达到四方归一，就像我现在所种的海棠一样。"

王嚞一直在那里住了三年，之后迁居刘蒋村北面。金世宗大定七年（1167年）七月，他又到达宁海，直接去拜访一户读书人家。这户读书人家的主人是儒生范明叔。当时，在范明叔家中，他的旧友马宜甫正在和范明叔叙旧，隔了许多时候，故友重逢，两人谈得甚为投机。马宜甫去范明叔家前，曾经得过一梦，他在梦中看见，有一只仙鹤从他家南园的土中一下飞了出来。王嚞上范明叔家拜访，不想正好遇到马宜甫，他感到很高兴，与王嚞商量后，打算共同立庵，庵址就由王嚞指定，选在他家南园仙鹤出现的地方。庵立好后，王嚞指庵而命名之，称为"全真庵"。据说，道教中"全真道"的名称就是这样得来的。

王嚞邀请马宜甫和他一起西游，马宜甫也是个出身富裕之家，家中广有资产，他无法割舍，犹豫不决，他的妻子孙氏更加舍不得离家出走。这一年冬天，王嚞进庵静修，他与马宜甫约定，进庵后锁门百日，每天只送一餐饭给他即可。马宜甫去送饭时，王嚞送梨、送芋栗给他，让他们夫妇两人分而食之。每次送梨、送芋栗，王嚞还同时送给他诗辞或颂偈，马宜甫自然也要和他唱和唱和。静修结束，王嚞打开庵门，马宜甫已经有了感悟，他去庵里打扫，抛弃俗念，穿上道家衣服，拜王嚞为师，以弟子自称。王嚞为他改名，叫钰，字玄宝，号丹阳子。

王嚞在静修之前，曾在马宜甫家中会见过一个叫谭玉的人，他因为得了病，到庵中拜访过王嚞，请求收他为弟子。王嚞不肯，拒绝了他。但是，谭玉心坚，王嚞经不住谭玉再三请求最后答应了，将他留宿在庵中。奇怪的是，谭玉那病，久治不愈，在王嚞的庵里住下后，竟很快就不治而愈了。谭玉回家与妻子解除了婚约，决定出家。王嚞也为他改了名，叫作处端，字通正，号长真子。

紧接着，一位姓王的人听说王嚞到了海宁，特从牛仙山出发前去，投奔他，拜他为师。王嚞为他取名为处一，号全阳子，他后来就住到铁查山的云光洞去了。还有个叫作郝升的人，以卜筮为业，专门在街市中为人看相算命，他对于《易》很精通。一天，王嚞来到他卖卜的地方，背对着他而坐。郝升见有人来问卦，说了声："请你回过头来。"此言刚落，王嚞应声而答："那么，你又为什么不回头呢？"郝升听了，深为吃惊。王嚞也不搭理他，起身就走。郝升一路紧跟，随他到了朝元观，王嚞给了他两句隐语，启发他。郝升读后，大彻大悟，立刻以弟子相称，王嚞给了他一个名字，叫璘，号恬然子。后来，恬然子郝升不再以卖卜为生，而是住到烟霞洞去了。

过了不久，王嚞带领马钰等人住到昆仑山。刚到昆仑山，他指着山说："这山里有个烟霞洞，那是我先世修道的地方。"说完，他让大家凿开洞穴，洞里果真有许多器具，还有一口井，虽然它们还在，但器具已经朽坏了。有一天，他和大家在昆仑山上搬石，突然，山岭上有块巨石松动了，眼看就要向他们砸下，王嚞厉声大喝，那巨石立刻僵在那儿，一动也不动了。这时，山上正好有许多砍柴的人，见了这等情景，个个都惊骇不已。

那时候，栖霞人邱氏年方19岁，虽然也已入道，但一直居无定所，听说王嚞在全真庵，特地从昆仑山下来拜访他。王嚞和他共进斋饭，知他前程远大，赠了一首诗给他，为他取名处机，字通密，号长春子。

至此，王嚞收了许多弟子。前来投奔他的人越来越多，他用各种办法来磨炼他们，吃不了苦的人纷纷离他而去，其中也有志坚意笃、始终如一的人，但为数并不多，仅仅只有马宜甫、谭玉、丘处机等几个人而已。

大定九年（1169年）九月，王嚞带领马宜甫、谭玉、邱处机三人西行，经过登州，太守纥石烈对他恭敬有加，以师礼相待。王嚞向他告辞时，纥石烈问："我们什么时候可以再相逢呢？"王嚞简洁地告诉他："到了南京以后。"他所说的南京，也就是开封城。果然，纥石烈后来被授予南京副留守一职，他去南京上任，其时正好赶上王嚞在南京羽化。王嚞的"慧眼"于此亦可见一斑。

大定十年（1170年）正月，王嚞溘然而逝。马钰将王嚞的灵柩安葬在刘蒋村，结庐守墓三年。马钰接嗣了王嚞创立的全真教，他与谭玉、邱处机相继为全真教盟宗。全真教的弟子，一直将王玄甫、钟离权、吕洞宾、刘操、王重阳看作是该教的五位祖师。

元朝至元六年（1270年）正月，王嚞被追封为"重阳全真开化真君"。武宗至大三年（1310年），又被追封为"重阳全真开化辅极帝君"。

## 武当开山祖师：张三丰

张三丰是武当山著名道士，受到明朝诸帝崇仰，屡次召请加封，成为自唐末吕洞宾以来最负盛名的"活神仙"。关于张三丰的生平事迹，明清以来传说甚多，但其中多夹杂着神话故事，难以置信。据《明史·张三丰传》等书记载：张三丰名全一，又名君宝，道号玄玄子，又号三丰。祖籍辽东懿州，据说生于元定宗三年（1248年）。其人颀长魁伟，龟形鹤背，大耳圆目，须髯如戟。行事颇怪异，寒暑唯一衲一蓑，所啖升斗辄尽，或数日一食，或数月不食。读书过目不忘，游处无常。或云能一日千里，登山如飞。或隆冬卧雪中，鼾睡如常。善嬉戏谐谑，旁若无人。因不修边幅，被称作张邋遢。元末曾居宝鸡金台观修炼，后入蜀抵秦，游历襄邓，往来不定。

明洪武初，张三丰来到武当山，在天柱峰祭拜玄帝，并游历诸山，大长见识。尝语山中耆旧云："吾山异日与今日大有不同矣。"他在展旗峰北结庐而居，供奉玄帝香火。又于黄土城卜地结草庵，名曰会仙馆（永乐年间改称遇真宫）。使弟子丘玄清、卢秋云、刘古泉、杨善澄等分住五龙观、南岩、紫霄宫等处。此时张三丰大约已百岁有余。据说他于洪武二十三年（1390年）离开武当出游，不知所终。明成祖永乐五年（1407年），派遣给事中胡濙持御书及香币寻访张三丰，后又多次遣使四处访求，历时十年而不遇。据说张三丰是有意避而不见。在武当南岩留讽刺诗一首。诗中说："三丰隐者谁能寻，九室云崖深更深。玄猿伴我消尘虑，白鹤依人引道心。笑披皇冠趋富贵，并无一个是知音。"明成祖找不到张三丰，不仅没有见怪，反而更加崇敬。永乐十五年敕命于张三丰结庵故居处营建宫观1290余间，赐额"遇真宫"，宫中供奉张三丰尊像。后来明英宗天顺三年（1459年），诰封张三丰为"通微显化真人"。世宗嘉靖四十二年（1563年），又加封"清虚玄妙真君"。其著作有清人汪锡龄初编、李西月重编《张三丰先生全集》8卷（或称《三丰全书》）。但其中所收的丹经乩语，多系后人假托，难断真伪，只可看作明清三丰道派的文献汇编。

张三丰生前并未公开自立门派，仅以游方高道身份收徒授道。但在张三丰死后，各地道士奉张三丰为祖师，于是形成了三丰道派。据《三丰全书》说，张三丰曾在终南山遇火龙真人传授丹诀。因此，三丰派追溯其道统源于文始先生尹喜，尹喜传北宋陈抟，陈抟传麻衣先生，麻衣传火龙真人，火龙真人传张三丰。这一传承谱系不太可靠。但从三丰派的教义及修持道法看，确实比较接近北宋的华山陈抟派。明朝官方则将三丰派归入全真道，发给张三丰弟子王宗道全真度牒。

　　张三丰门下有很多弟子。其中武当山高道丘玄清、孙碧云及"太和四仙"（卢秋云、周真德、杨善澄、刘古泉），皆为三丰派嫡传弟子。丘玄清（1327—1393年）号云谷，陕西富平人。初从全真道士黄得桢出家，明洪武初来武当师事张三丰，被举为五龙宫住持。洪武十四年以贤才荐于朝廷，得明太祖赏识，除授监察御史，后转太常寺卿，诰封三代，因病卒于京师。其弟子有蒲善渊、马善宁、燕善名等。孙碧云（1345—1417年）是陕西冯翊（今大荔）人；年十三入华山为道士，服气养神，研习三教

宝鸡金台观

经典。据说他受张三丰道术，能驭鹤引凤。明太祖曾召至南京问道，永乐十年成祖又召入北京，敕授道录司右正一职事，奉命勘查武当诸宫观地势及规制。去世后被推为武当榔梅派祖师。明清以来，各地自称遇见张三丰传授道法，开创道派的道士还有许多。仅据《诸真宗派总簿》所录，以张三丰为祖师的道派就有八派。

三丰派的教义继承陈抟派的基本教义，崇尚自然隐逸，不慕虚荣，号称"隐仙派"；主张"大隐市廛"，不重形式上出家离俗；又强调三教合一，重视忠孝伦理实践。其内丹学说也近似陈抟派，以《太极图说》作为指导炼丹的理论根据。据说，《太极图说》是宋儒周敦颐根据陈抟派传授的太极图而撰，其中提出了无极而太极，太极一动一静，生成阴阳五行及四时万物的理论。道教内丹学也采用这种宇宙生成论，比喻人的性命生育过程；认为内丹修炼要逆反性命生成的自然顺序，归根复命，返本还元，即可得道长生。《三丰全书·大道论》宣称：人在父母未生之前是无极，父母施生之始为太极；既生之后，复以无极统其神，太极育其气。"气脉静而内蕴元神，则曰真性；神思静而中长元气，则曰真命。浑浑沦沦孩子之体，正所谓天性天命也。人能率天性以复其天命，此即可谓之道。"这里所说的率天性复天命，即指内丹性命双修，返本归根，复还先天无极之道。

张三丰铜像

三丰派是从心性开始的，先"冥心太无"，抱朴守静，待心空性定之后，再及时采药封固，炼精化气、炼气化神、炼神还虚，复归于无极。《大道歌》曰："未炼还丹先炼性，未修大药且修心。心定然后丹药至，性清然后药材生。"这种先性后命的内丹功法，也与陈抟派相同。陈抟派的"睡功"在张三丰这里得到了发扬光大，称为"蛰龙法"。《三丰全书·渔父词》咏其功法云："蛰法无声却有声，声声说与内心听。神默默，气冥冥，蛰龙虽睡睡还醒。"这种似睡似醒的功夫是一种颇具养生效果的气功。

张三丰不仅精于内丹气功，而且据说武功高强，被人们推为武当内家拳法创始人。据明人黄百家《内家拳法》说，张三丰原精少林外家拳，后改创为内家拳法，"得其一二者，已足胜少林"。关于张三丰创内家拳法，明清以来武林人士有不同传说。一说内家拳为北宋末丹士张三丰所创，谓张三丰"夜梦神授掌法，厥明以单丁杀贼百余，遂以绝技名于世"。清人黄宗羲同意此说。另一传说称内家拳乃明初张三丰观鹊蛇相斗而创。据南岳国师文进所编《太极拳剑推手各式详解》说：张三丰从窗中窥见庭院树上有鹊，与地上蟠居之蛇激斗不止。"每当鹊上下飞击长蛇时，蛇乃蜿蜒轻身，摇首闪避，未被击中。张氏由此悟通太极以静制动，以柔克刚之理，因仿太极变化而命名。此太极拳定名之由来也。"这些虽属传奇故事，但从现存内家拳术来看，确有"行如蛇，动如羽"，尚意而不尚力的特点，深得道家贵柔守雌，以柔克刚之哲理。武当拳法、剑术后来成为道教徒修道体验的重要内容，既可锻炼自己的身体，陶冶情操，又可防身御敌，可谓道教对中国文化的一大贡献。

 知识链接

## 雍正皇帝与道士

雍正皇帝晚年多病，河东总督田文镜推荐白云观道士贾春芳入宫治病。因贾大言妖妄，依大逆罪处斩。后来雍正疾患未安，疑心是贾春芳阴魂缠绕，于雍正九年召龙虎山正一道士娄近垣入宫，设坛礼斗，以符水治病有验。娄因此被封为妙应真人，赐四品龙虎山提点，又拨官银修葺龙虎山宫观，置买香火田数千亩，共耗银万余两。娄近垣在清代正一道士中最有学问，撰有《龙虎山志》18卷，文字颇通达。又撰《阐真篇》，对禅宗及全真道内修法颇有见识，被选入雍正所编《御选语录》。此人不但学问较好，而且处世精明。他虽以符水治病而显贵，但从不炫言道教炼养法术。据说恭亲王曾延请娄近垣至府邸，请教道教养生术。娄对曰："王今锦衣玉食，即真神仙中人。"又笑指宴席上烧猪曰："今日食烧猪，即绝好养生术，又何必外求哉！"恭王深服其言。

# 第六章

# 道教与道士的传说故事

　　自道教产生之后,就显得很神秘,尤其是吸收了神仙家学说之后,就连一些道家历史人物与道士也被神化了,从而衍生出很多传奇故事。或许现今看来这些故事有些荒诞不经,但也从侧面反映了道教的一些思想来源。

# 第一节
# 道教诸神传说

## 三清与玉皇大帝

　　三清指的是玉清元始天尊、上清灵宝天尊、太清道德天尊，他们是道教所崇奉的最高神。在晋葛洪《枕中记》中有大罗天上三宫的说法："玄都玉京七宝山，在大罗之上，有上、中、下三宫。上宫盘古真人、元始天王、太元圣母所治。中宫太上真人、金阙老君所治。下宫九天真皇、三天真王所治。金阙老子，太上弟子也。"《隋书·经籍四》说："道经者，云有元始天尊，生于太元之先，禀自然之气，冲虚凝远，莫知其极。所以说天地沦坏，劫数终尽，略与佛经同。以为天尊之体，常存不灭。每至天地初开，或在玉京之上，或在穷桑之野，授以秘道，谓之开劫度人。然其开劫，非一度矣，故有延康、赤明、龙汉、开皇，是其所号。其间相去经四十一亿万载。所度皆诸天仙上品，有太上老君、太上丈人、天后、天皇真人、五方天帝及诸仙官，转共承受，世人莫之豫也。"《道藏》列《元始元量度人上品妙经》之首，历记天尊为说是经，开辟天地万灵之迹。现在道观中所供奉的三清神像，元始居中，以两指捏一圆球是所谓太元之先，万物元始。

　　人们称灵宝天尊为太上道君或大道君，这是唐宋之前的事。《云笈七签》卷百一引《洞玄本行经》说："太上道君者，于西那天郁察山浮罗之岳，坐七宝骞木之下。"在元始天尊受之太上名号，"封郁悦那林昌玉台天帝君，位登高圣，治玄都玉京"。职责是"广度天人，慈心于万劫，溥济于众生。功德之大，勋名缮于亿劫之中，致今报为诸天所宗焉"。当然，这些都是主观臆造的。道教教徒在造经书的过程中，往往托名天尊、道君，认为三清尊神在所有的经书中都占有重要地位，而且这种观点一直传承下来。太清道德天尊，是由老子神化来的。秦汉方仙道嬗变为东汉黄老道，祭祀老子是在东汉的时候开始的，楚王英"晚节更喜黄老，学为浮屠斋戒"（《后汉书》本传）。上书《襄楷传》载楷上书说："闻宫中立黄老、浮屠之祠。或言老子入夷狄为浮屠。"东汉边韶《老子铭》说："世之好道者触类而长之，以老子离合于混沌之气，与三光为终始，观天作谶……自羲、农以来，世为圣者作师。"或许正是因为在这样的宗教氛围里，五斗米道才会认为老子是教祖，并称为"太上老君"。在汉末时期，牟融作《理惑论》，将老子与释迦牟尼进行对比，这说明在道教中，老子的地位等同于佛教中的释迦牟尼。

随后的道教中的教祖多为老子，如《魏书·释老志》说："道之原，出于老子。"而且经常以老释指道佛二教，虽然不被某些流派认可，但是《老子》的影响是不容否认的。在唐朝时期，道教非常繁荣，而老子也在神仙界位于不可动摇的地位。宋代以后，民间虽然以玉皇大帝与老君争权威、尊位，但

玉皇大帝雕像

是在道教中，老君仍然位在玉皇大帝之上。

关于三清，朱熹认为，"盖效释氏'三身'而为之尔"（《朱子语类·论道教》）。佛以一佛显三身，道以一气化三清。

每到农历正月九日，道观中热闹非凡，而来玉皇殿烧香的人也比平日里多很多。原来这一天是玉皇大帝的生日，道观中依例要举行庆典，而士庶之家到玉皇殿献供也非常频繁。这天的活动，俗称斋天，而民间和道观都颇为重视。

谈到玉皇大帝，平民百姓把他看作天上的最高统治者，所有神仙都受他的统治。事实上，就道教的神仙谱系来说，玉皇大帝的地位要比三清低。玉皇大帝这一有着较高地位的形象只是宋真宗崇道活动的副产品。在中国传统观念中，至上神称为帝、上帝，也称为天。对他的座次安排，在宋代之前的道教中是忽略的。但是宋真宗为了宣布自己的祖先赵元朗是道教的尊神之一，于是就借用玉皇大帝的名义来上演"天书"下降的闹剧。为了尊祖也连带着尊玉皇，上尊号为"太上开天执符御历合真体道玉皇大天帝。"这标志着崇拜玉皇大帝的真正开始。但是在道教之中，玉皇大帝还是要听命于三清的。关于玉皇的来历，《高上玉皇本行集经》说太上道君将一位"身诸毛孔放百仪光"的婴儿送往光严妙国的宝月光皇后怀胎，产下皇太子，经过了很多劫数之后终于成仙，称"清净自然觉王如来"，后来又经过了无数灾难，成为玉帝。当然，这些只是传说，不足为信。但是有一点可以确定，那就是玉皇在道教中地位在三清之下。但是，平民百姓对于玉皇和三清的关系并不清楚，只是依靠生活经验来猜测，认为地上的最高统治者是皇帝，即使是佛教和道教中的领袖也要听命于皇帝，因此，在民众心中，在神仙包括佛菩萨的世界中"最大"的是玉皇大帝，因此对其祭祀规格进行了规定。清代著名诗人龚自珍有一首名作：

九州生气恃风雷，万马齐喑究可哀。

我劝天公重抖擞，不拘一格降人才。

这首诗有感于民间祭祀玉皇大帝的场面而发的。诗题下他自注说："过镇江，见赛玉皇及风神、雷神，祷祠万数，道士乞青词。"可见，这种场面是非常的壮观。当然，在那种情形下，龚自珍呼唤风雷，呼唤"不拘一格降人才"是由时代的熏陶而成，与玉皇大帝的神启没有多少关系。

正月初九玉皇诞辰，在这一天，不仅道教宫观中会举行重大的法会，一些佛寺也举行"斋天"仪式，不仅引来了很多供奉的香客，而且也不乏看热闹的观众。道教的尊神怎么会由僧人给他做生日呢？原来，佛教本身是有"斋天"法事的，但是因为他们认为天与玉皇是两回事，而是从婆罗门教接收过来的诸天帝，如帝释、梵天……在佛教中，他们为佛的护法或侍卫，当然，所受的礼遇也是非常好的。民间称他们为"诸天菩萨"，清代又讹为"朱天菩萨"，而且说之所以这样称呼是为了寄托对朱明王朝的怀念。无论如何，佛教的斋天与玉皇本来没有什么关系，只是后来某些寺院将斋天定于正月初九，所以斋诸天与斋玉皇就相互混淆了，慢慢地，道教也承认了玉皇大帝的地位。

据说，每到 12 月 25 日的时候，玉皇大帝都会巡行三界。而且这一天民间的香案也是非常多的，主要用来摆供品，准备接玉皇。有的也将这样的活动称为"斋天"。《西游记》第八十七回写到一段故事：天竺国凤仙郡在大旱三年之后，孙悟空上天乞雨，但是却没想到惹得玉帝龙颜大怒说："那厮三年前十二月二十五日，朕出行监观万天，浮游三界，驾至他方，见那上官正不仁，将斋天素供推倒喂狗，口出秽言，造有冒犯之罪，朕即立以三事在披香殿内，汝等引孙悟空去看。若三事倒断，即降旨与他；如不倒断，且休管闲事。"那就是米山、面山和金锁。米山由一只小鸡啄食，面山让叭儿狗舔吃，金锁用灯焰燎，只有米、面山尽，金锁断，才会下雨。这说明了玉帝的威严，是千万不能得罪的。

## 伏羲创八卦

在很久很久以前，有一个"华胥之国"，华胥国的女首领华胥氏姑娘，有一天到一个名叫"雷泽"的地方游玩。雷泽风景奇特，华胥氏流连忘返。她在雷泽游历赏玩，突然看见一个巨大的脚印，好奇心骤增，双脚踩进脚印里面，比试大小。

华胥氏回到家中，感到身体异样。几天之后发现自己怀孕了，才知道雷泽里面的那双大脚印，乃是神人留下的。华胥氏怀孕长达 12 年，在今天的甘肃天水，生下了一个儿子、一个女儿，儿子取名伏羲，女儿取名女娲。兄妹二人形象奇特，人首蛇身。

这一天，兄妹二人在河边玩耍，突然从河中蹿出来一只大乌龟，息而变为一个慈祥的老人。老人对伏羲和女娲说道："孩子们，天地之间将要发生一次大洪水，天塌地陷，圣灵灭绝。元始天尊派我来拯救世人，选中了你们兄妹二人。我只能救你们两个人，你们要严守这个秘密。从明天开始，你们每天路过这里，给我送吃的，记住了吗？"

　　兄妹二人半信半疑，按照老人的话做了。从此以后，不管刮风下雨，雨雪冰霜，兄妹二人都要来到河边，给乌龟老人留下一点吃的。他们每送一次，就用一根木柴做下记号。一天天过去了，木柴越积越多，但是送的食物，却不知道到哪里去了。

　　兄妹二人在河边积攒的木柴到了九百九十九根的时候，突然之间天摇地动，霹雳和闪电接踵而至，暴雨倾盆而下。刹那间，天地之间一片昏黑，人们在暴雨中四处逃窜。这时候一只乌龟来到兄妹两人身边，张开乌龟壳，对他们说："孩子，快点到龟壳里面去。"伏羲和女娲赶紧跨上龟背，看到龟壳里面全是他们送的食物。

　　兄妹二人在龟壳里待了三年，直到洪水退了后，他们才从龟壳里出来，正好来到蓝田和临潼交界的一座高山上。

　　"元始天尊让我救下你们，是为了让你们繁衍人类。"乌龟老人说完，在积水中远去了。繁衍人类就要结为夫妻，但是想到兄妹交合，又感到羞耻。他们询问上天道："我们兄妹二人愿意结为夫妻，繁衍人类。如果苍天应允，四山的烟雾就聚合到一起，石磨也相合在一起。"

　　言罢，但见群山雾霭都汇聚到一起，他们将身边的两扇石磨盘推下高山，两扇石磨盘滚到山下，紧紧合在一起。看到苍天应允，兄妹二人结为夫妻，成了华夏始祖。

　　伏羲，又称"炮牺""伏戏""伏

伏羲像

牺""庖牺""包牺""宓牺"等,为中华民族的始祖神之一。一说伏羲即太昊,本姓风。传说,他有圣德,像日月之明,故称太昊。

伏羲后来被尊为"三皇五帝"中的三皇之首。在中国古代,人们习惯将伏羲、神农和黄帝称为三皇。

道教把三皇尊称为"医王",这就意味着将之纳入有了神仙体系:伏羲为人们治疗疾病、神农品尝百草、黄帝著有医书《黄帝内经》。民间为了感恩,建庙祭拜,历久不衰。从元朝开始,皇帝下令全国祭祀三皇;三皇被道教奉为医王之后,从明清开始全国大规模修建医王庙,又称三皇庙,供奉伏羲、神农和黄帝。

伏羲不但给人治病,还教人们织网捕鱼、饲养家畜、制定礼乐,开创了上古时代的文明,被奉为中华民族人文始祖。

伏羲的最大的功业就是创造了八卦。道家认为,八卦里面蕴含着宇宙变化的神秘规律,是宇宙间的高级信息库。八卦神通广大,可以推演出未来事物的发展变化,具有知晓未来的预测能力,同时还能够震慑邪恶。

后来伏羲和女娲的子孙们多了起来,一个大的部落自然形成了。那时候,人们对风雨雷电等自然现象心存恐惧。为了揭开里面的秘密,智力超群的伏羲,一心探求刮风下雨与电闪雷鸣等现象的真相和规律。他经常站立在高台上,仰望苍穹里的日月星辰;或者站在高山上,俯瞰大地的地形和方位;或者追逐飞禽走兽,研究探索它们身上的花纹,企图从里面找出奥妙来。这一天,他又来到高台之上,冥想苦思。忽然传出一声奇怪的吼声,伏羲循着声音望去,但见高台对面的山洞里,奔出一个怪兽,龙头马身,遍体花纹。龙马一跃跃上了高台,从伏羲面前疾驰而过,跳到高台下面一条大河里的石头上。石头造型奇特,就像一明一暗、首尾相向、互相抱团的两条游鱼。龙马在石头上停留片刻,忽然不见了。状如双鱼的石头,配上龙马身上的花纹,让伏羲顿悟。于是他日夜钻研,画出了流芳千古的"八卦图"。

伏羲站立的高台,后世称之为"八卦台",其遗迹位于现在的天水市北道区渭南乡西部;双鱼石后来成为"太极"的经典图形。

后来,伏羲创造的八卦被称为"太极八卦图",伏羲根据八卦图,揭示了很多自然宇宙现象。

### 关帝的崇拜

清代的苑平县，每年的五月十三日，在通向关帝庙的路上都会出现一队鼓乐齐奏的庆贺队伍，两边是无数围观的群众。这是给关帝爷进献刀马的礼仪队仗。那柄刀，是由铁打做的，重 81 斤，完全符合青龙偃月刀的标准。赤兔马是用纸扎的，高近二丈，马身上披着绿鞍，衔辔上描着金错花纹，非常气派、堂皇。苑平的进献刀马，是祭祀关帝的民俗之一。纵观有清一代，各地这类习俗，形形色色，非常丰富。自清代以来，关帝无疑是最走鸿运的神。他的神庙遍布于全国城乡，神庙以外，几乎家家都为关帝像供奉了香火，汉族之外，满族、蒙族都极为尊重他。围绕着祭祀关帝的活动，形成了一系列习俗。道教的积极推动使关帝信仰开始在民间普及。

道教扩大自身影响力、吸引民众信仰的方法之一是广泛吸收民间的神。

关帝神像

当然，佛教中国化的过程也是如此。例如关羽被中国的僧徒立为伽蓝神。在道教中，关羽有着非常特殊的地位。在很早的时候，关羽就进入了神将的系列，或者是称吴朗上将，抑或是称为馘魔关元帅。在万历二十年（1592年），道士张通元请求皇帝为关羽进爵为帝。过了20年，关羽就被封为"三界伏魔大帝神威远震天尊关圣帝君"。虽然佛教和道教都争夺这位英雄，但是道教力量更大。在民间祭祀中，道教所立的关公庙、关王庙、关帝庙所享受的待遇更好。这导致万历四十二年（1614年）后，佛寺中关羽的伽蓝地位让给了尉迟恭，关帝不再替佛做奴仆了。就社会影响方面来说，道教不如佛教，然而在中国民间神祇的指导方面则超过佛教。这也不足为奇。作为外来宗教，虽然佛教已经中国化，但佛、菩萨毕竟是来自遥远的西域。五台、峨眉、普陀、九华山成了四位菩萨的道场，但是西天诸佛的形象是无法改变的。而道教完全是中国土生土长的，它与中国很多历史人物有着千丝万缕的联系。

关于关帝的神像，在很多庙宇中都被塑成红脸长须，丹凤眼，卧蚕眉，披战袍，而且都是正襟危坐。站在一旁的黑脸周仓，手扶青龙偃月刀，而另一侧是白脸关平，手捧关帝大印。当然，这些现象都来源于"三国演义"的描写。而那紫红脸则表示神的忠勇，或许是从舞台上的脸谱移植过来的，这也是非常

关帝庙

正常的事情。如果走进不正规的小庙，就会发现关帝擎起的右手上挂着一架小小的桑弓，搭着一支木箭，如果是打仗，仅用这个小弓是不可能的，这与关圣的威风凛凛也不相称。原来，这是古代的所谓弧矢，象征着生男。凡生了男子，在户外挂桑木弧（弓）矢（剪），这可以保佑男孩平安。在民间，求神庇佑的目的是祈求家口平安、子嗣繁盛。"不孝有三，无后为大"，如果没有生下男孩儿，则会去关帝庙，因为人们相信拜关帝庙可以保佑生男孩。

关帝是武将，本来不掌管子嗣的事情。在民间，管子嗣的被称送子娘娘，或者可以直接称为观音。在民间有这样一个传说，有一次关帝爷外出，周仓正好在家看门，喝了一点酒之后就有睡意，朦胧中听到有人用三牲祭献，一时高兴就扔下上上大吉的签，而且也应允了他的祷告。但是仔细听过之后，才知道他求的是子嗣，其实这并不是关帝庙的职司范围，所以就略施小计，到孙娘娘的子孙堂里偷了个状元郎给那家送去，没想到事情闹大了，他们打官司一直打到玉皇大帝的金銮殿。上面的传说讽刺了关帝爷不应该管子嗣的事，但人们对关帝庙的信任感并没有消失。

如果说，关帝管子嗣是神格的变异，那么在关帝面前义结金兰就是正事儿了。刘关张桃园三结义早已经为众人所熟知，因此每逢关帝生日，就会看到不少人到庙中结拜为异姓兄弟。后来的一些帮会在吸收徒弟的时候，往往会在关帝像前点起香烛，举行仪式。当然，清朝的统治者也会充分利用这一点。据《清稗类钞·祭祀类》记载，清人"羁縻蒙古，实利用三国一书"，清世祖未入关前先征服蒙古诸部，与蒙古诸汗结为兄弟，引桃园结义事为例，满洲自认为刘备，以蒙古为关羽。在入关之后，又数次加封关羽为"忠义神武灵佑仁勇威显护国保民精诚绥靖翊赞宣德关圣大帝"。因此，蒙古人除了信仰喇嘛教之外，最信奉的就是关羽。蒙古王公以关羽自居，而且像关羽那样事事服从清皇朝。当然，关羽自己也没有想到他可以在清朝政治上得到妙用。

在清代，不管满族、汉族、还是蒙古族，都尊崇关帝，因此其祠遍布中国。也正如上面所说，关帝不仅是神通广大的伏魔大帝，而且是忠义的人格化、偶像化，因此他不仅庙宇遍布城乡，而且在宗教中也受到祭祀。近代时期商品经济较为发达，各地的商人都会建有会馆礼祀关帝，祈求买卖顺利。关于关帝的生日，民间多认为是 5 月 13 日，但有些人通过考证发现 5 月 13 日是其义子关平的生日，而关羽本人则是生于汉桓帝延熹三年（160 年）庚子 6

月24日。无论如何，民间都是在5月23日为他祝寿。传说每到这一天都会下雨，因为关帝爷在这一天要大刀，那雨便是磨刀水，因此这雨也被称为磨刀雨。因为这个时候正是南方的梅雨季节，所以下雨是非常正常的事情。

对关帝的祭祀，以5月13日最盛。而关帝庙就更不用说了，在那一天，香客众多，异常热闹。而清代苏州等大都市中各地的会馆，在13日前夕就已经准备好了三牲，只为在第二天的大祭祀中派上用场，同时也开始演戏。这戏是为酬神而演的，而观众多为会馆同人及邻近的市民。而普通的市民也例行致祭。在较早时期，士大夫家杀白雄鸡致祭，然而在清代中叶之后已经很少见了。其实祭祀基本上都是点香烛，在家中悬挂的关帝神像前上供品、放爆竹、鼓乐齐喧。特别是商人，祭祀需要虔诚。

除了关帝圣诞的祭祀以外，人们每当身染重病的时候都会去庙中烧香祈福。如果能够逢凶化吉，还会到庙中还愿。

 **知识链接**

### 道教与明清小说

道教的宗教观念、神仙传说、内丹修炼对明清时期大量的通俗文学作品有着很大的影响。明清流行的小说、戏曲、鼓词等通俗文学中，很少不涉及神佛僧道的内容。《水浒传》开篇即假借洪太尉赴龙虎山祈请张天师，放走妖魔，引出一百单八将的故事。《三国演义》第一回讲张角黄巾起义，引出刘关张桃园结义。书中对诸葛亮借东风、禳星斗的描述近似道教术士。《金瓶梅》全书有十多回涉及道教，书中描写道士仙姑为豪门妇女治病安胎，禳灾度亡，对道场科仪的描述极为详尽，反映了明末社会生活的真实。《红楼梦》书中的《好了歌》及金陵十二钗词曲，其思想格调极近于全真道士的宣教词曲。《聊斋志异》多写狐仙故事，借鬼怪狐仙歌颂爱情自由，鞭挞邪恶势力。专以道教故事为题材的作品，如《东游记》《七真天仙宝传》等书，以宣扬修炼内丹成仙为主题。《封神演义》则讲元始天尊及道教诸神与通天教主的左道旁门斗法取胜的故事。经过这些世俗文学的宣传，道教的宗教观念也渗透到社会文化中。

# 第二节
# 道士的传奇故事

 **数次逃脱暗算的左慈**

左慈，字元放。庐江人（今属安徽），居天柱山，得石室丹经。左慈为东汉末方士，乃葛玄之师。据葛洪《抱朴子·内篇》载，左慈曾以《太清丹经》三卷、《九鼎丹经》一卷、《金液丹经》一卷授葛玄。因此，他在东汉末丹鼎派道教有着极大的影响。

魏公曹操对左慈这样的方士有很多疑惑，派人去将左慈叫来，收为军吏。左慈应召到了曹操那里，曹操立即将他关押在一间密室之中，并且派人日夜看守。这还不算，他还下令，不准给左慈送吃的，断绝他所有的食物，每天只能给他两升水。这样，左慈被关押了整整一个月，他被放出来之后，只见他毫发未损，面色一点没变，仍然不慌不忙地像以前那样。曹操十分惊奇，打算向左慈学些道术。左慈告诉他："学道术并不难，但必须心静神宁，别无他求。"曹操听了，以为左慈是在讽喻他，大怒，暗忖：此人有歪门邪道，不可留，一定要想法杀掉。他虽然不动声色，左慈却已知道了曹操的想法，对曹操恳求，将他的

**曹操雕像**

尸骨送回老家去。曹操一惊，问："你为什么要这样说啊？"左慈答道："我已知道你要杀我，所以才向你提了这个要求。"曹操的心思被左慈识破，只得讪讪地对他说："我原本就没有这种意思的，一定是你志存高远，想离开我，既然这样，我岂能硬留你在我这儿！"

有一天曹操去郊外巡游，随从很多，八面威风。左慈知道了，准备了一坛子酒和一块干肉，数量虽然不多，曹操身旁的这些随从，却没有一个不是酒醉肉饱的。曹操十分不解，立即派人追查其中的原因。派出追查的人很快回来报告，说是附近有一家酒店，平日里净赚昧心钱，老百姓很是怨恨。如今，不知为何忽然少了许多酒和干肉。曹操听说，勃然大怒，决定拘捕左慈，一心要除掉他。但是，正当曹操传令拘捕左慈之时，左慈突然不见，谁也不知道他的下落。原来，左慈已知道曹操不怀好意，使了隐身法，躲到了墙壁之中。

曹操盛怒之下，悬赏捉拿左慈。终于，有人发现了左慈的住所，赶紧报告曹操。曹操当即派人去抓，这下，总算抓到了左慈。实际上，左慈并非不能躲避，他本来就会使用隐身术，但他不愿意，目的是要让人知道他并不是一个普普通通的俗人，而是一个神仙！

曹操下令将左慈关进大牢，狱卒正要拷打左慈，忽然看见囚房内有一个左慈，囚房外居然也站着一个左慈。这两个左慈，长得一模一样，难辨真假，狱卒一时糊涂了：究竟拷打哪一个左慈呢？

曹操听说有这等怪事，更加恼怒，命人将两个左慈都押出大牢，在闹市中诛杀。一会儿，闹市之中忽然出现了七个左慈。经拘捕，只抓住了六个，另外一个不见了。又过了一会儿，抓住的那六个左慈都不见了。曹操下令关闭所有的店铺门，四处搜寻，但许多人并不认识左慈，更不知道曹操要抓的这个左慈，到底是何人。有人问："你们要抓的这个人，究竟是什么模样的？"回答说是这个人"戴着方士帽，穿着青色单衣，瞎了一只眼睛"。又说"凡是碰到这个人就抓住他"。不多久，但见闹市之中，到处都是瞎了一只眼，穿着青色单衣，戴着方士帽的人，以致谁也分辨不清谁是真正的左慈。曹操仍不罢休，命人追赶，要是追赶上了，就立即杀掉。

几天以后，有人好不容易找到左慈，并将他杀了又将他的头割下，献给曹操。曹操大喜过望。但仔细一看那人献上的左慈之头，竟然是一束茅草！他赶快命人去检查左慈的尸体，左慈的尸体却不见了。

　　恰巧，有人从荆州来，说是亲眼看见左慈在荆州。过了几天，又有人说在阳城山发现了左慈。曹操一听，马上让人继续去抓左慈。左慈见了，急忙走入羊群不见了。曹操自知不可能抓住左慈，对着羊群说："我不再想杀你了，说实在的，我原不过是想试试你的法术而已。"话音刚落，羊群中突然有一只老公羊，弯曲起两只前脚，像人一样地站了起来，说："你看，你看，我惶惶然已经成了这副模样了！"众人大叫起来："这只老公羊就是左慈，这只老公羊就是左慈！"说着，他们一起向老公羊扑去。说时迟那时快，羊群中的几百只羊一下子全都像那只老公羊那样，弯曲着两只前脚，像人一样地站了起来，异口同声地说道："你看，你看，我惶惶然已经成了这副模样！"曹操不知所措，那几百只老公羊，如出一辙，根本没法分辨出哪只老公羊是左慈变的。

　　曹操对左慈真是一点儿办法都没有。左慈屡遭曹操算计，幸亏道术无穷，方才躲过了一劫又一劫。

　　后来又有人汇报说左慈已在荆州，其实此言不谬，像左慈这样的人，来去本无定数。左慈离开阳城山后，的确去了荆州。

　　荆州刺史刘表并不认识左慈，但他听说过左慈会法术。左慈见了刘表，刘表也和曹操一样，想加害左慈。他的理由是，左慈这个人，以妖术惑众。他想出了一条毒计，故意让左慈见识见识他的士兵们，那些士兵，人多势众，耀武扬威。左慈心中明白，这是刘表想要试一试自己的法术如何。于是，他对刘表说："我带来了一点薄酒，打算犒劳你的兵士们。"刘表不以为然，颇为不屑："你这个道人，孤身一个，而我的兵士人多势众，你能够犒劳得过来？"左慈也不多解释，只是将他的意思又重复了一遍。

　　刘表同意了，他派人去察看左慈带来了多少酒，不过是一斗酒而已。那一斗酒，用器皿盛着，此外，还有一束肉干。不料，这一斗酒，一束肉，别说是一个人抬不动，就连十个膂力过人的士兵都无法抬起来。这时，左慈拿起了那束肉干，用刀削着，并且将削下的肉干放在地上，他将酒和肉干分别送给士兵，每人三杯酒，一片肉。众士兵饮酒吃肉，与平时吃的肉、喝的酒并没有什么异样。奇怪的是，这些酒和肉，一万多人都吃不完，喝不尽，那盛着斗酒的器皿中，仍然是那些酒，一点没减少。那束肉干也一样，还是那么多。座上的宾客，大概有千人，这时个个都酩酊大醉了。刘表见左慈法力强大，也就不敢加害他了。

后来左慈将这些事情告诉了葛玄，并说世事难测，人心险恶，他决心隐入霍山去炼九华丹。之后他果真去了霍山，待到九华丹炼成后，左慈飘然仙去。

## 不得善终的神医

华佗（约145—208年），一名旉，字元化，沛国谯（今安徽亳县）人。汉末医学家，兼通内科、外科、妇科、儿科以及针灸等各科，尤其擅长外科。喜游学。通晓养性之术，擅用方药针灸。

有一天，华佗在行医途中遇到了一个病人。这人患了一种奇怪的病：想吃东西，却难以下咽；想要呕吐，却什么也呕吐不出。仔细看他，见他不住干呕，看着十分痛苦。他家里的人没有办法，只好用车载着他，打算去找个医生，尽快查出他的病，为他解除痛苦。

华佗听说后，让车停下，对这个病人察言观色，号脉听息，心中已经了然。他吩咐病人家属："我刚才路过一家烧饼铺，见那儿有醋，你们快去商量，取三升醋回来！"

病人家属按华佗说的话去办。不消多少时间，他们取回了三升醋。华佗又吩咐他们，将三升醋全部给病人服下。病人家属立刻又按照华佗的话做了。

服下醋后，病人张口呕吐，因为他吃东西难以下咽，胃里并没有食物，所以，呕出来的尽是些醋和水。呕着呕着，猛然间他"哇"的一声，吐出了一条活物，众人一看：原来竟是一条小"蛇"！

说也奇怪，病人呕出了这条小"蛇"后，不再呻吟了，脸上的痛苦也消失了。病人家属大为惊奇，仔细一打量，这才明白，他们遇到了神医

华佗雕像

华佗！

河内郡太守刘勋有个女儿，年方二十，长得楚楚动人，宛若天仙一般，刘勋把她视若掌上明珠，异常疼爱。但是，话虽如此，刘勋却有块难以去除的心病：眼见得女儿早已成人，至今却仍待字闺中，没有婚配于人。

这是什么原因？难道是她的女儿不思婚嫁？当然不是。原因是她的膝关节上长了一个疮，奇痒难忍，说痛不痛，倘用手挠，便流脓流水不止。倘若硬忍着不抓挠，那疮倒也好得快，但结疤几十天后又复发了。如此周而复始，实在是痛苦不堪。而且，他女儿得的这个怪病，也不是一朝一夕的事，掐指算来，也有七八年的时间了。

女儿急，太守刘勋更急。可是，只着急没有任何作用，必须得找医生治病。事实上，医生已经找了许多，但没一个医生能够为她医好这个怪病。

听说华佗医术高明，刘勋把华佗请到家里。华佗检查了病人，对刘勋说："这疮容易治疗，请安心。"说罢，他要刘勋准备黄毛狗一条，良马两匹。

刘勋不知华佗要这些东西何用，但也不多问，吩咐人照华佗说的去做。

黄毛狗牵来了，良马也牵来了，华佗也不解释，就用绳挽了个套，将狗套住，让马拉着狗狂跑。一匹马跑得气喘吁吁时，就再换另一匹马，拉着狗继续跑。这两匹马，交换使用，一刻不停，约莫跑了三十多里路。这时，黄毛狗再也跑不动了。华佗说："不行，得让人拖着它再跑。"刘勋依言，命人拖着那狗疾走，又走了二十多里路。连人带马，前后加在一起，那条黄毛狗，或被拉，或被拖，一共跑了五十多里路。华佗这才发话："行了，将那狗拖将过来。"他先是拿出药水，让刘勋的女儿喝下。刘勋的女儿喝下后，安静地躺着，渐渐就不知人事了。

这时候，华佗命人取来一把利刀，对准黄毛狗后腿上方的腹部用力砍去，狗腹处霎时被砍出了一条口子，狗血汩汩，摸上去很是温热。接着，他将砍开口的狗腹，对着病人的疮口套上，在靠近疮口两三寸的部位停了下来。刘勋等人在一边看着，不知他在做什么，一个个一言不发，全都呆了。

华佗并不解释自己怎么治病，只是认真观察病人的动静。一会儿，在病人的疮口里，钻出了一颗"蛇头"。说时迟，那时快，华佗迅即用一枚锋利的铁针横穿过那"蛇头"。瞧那"蛇头"，晃动了几下，终于不再动弹。华佗一用力，将它拉了出来，大家一看，原来是一条赤色的寄生虫，足有三尺来长，模样儿像蛇，只是有眼没睛，身上披覆的鳞片，长得也很奇怪：它们并不是顺着生长，而是逆向生长的。

华佗见病人体内的寄生虫已被除去，便在她的疮口处撒上药粉，涂上药膏。七天以后，刘勋派人去叩谢华佗，并且告诉他：他女儿膝关节上的疮消失了，伤口也愈合了，只留下了一个小小的疤。

有个郡守病得十分严重，求医问药，总不见效，别人不知道他患的究竟是一种什么病。

这位郡守想尽办法找到华佗，请他看病。华佗诊视完后，退出房间。郡守的儿子问华佗，他的父亲病情如何？华佗回答他："病得不轻啊！使君患的不是常见的病，他的腹中有淤血，如果能将淤血呕吐出来，他的病就会好转。"

郡守的儿子听完之后十分着急，问华佗有何良药。华佗沉默不语，但经不住郡守儿子再三央求，这才告诉他一个好办法："不知使君有些什么过错没有？"郡守儿子不知其意，华佗见他犹豫不决，就告诉他："人非圣人，孰能无过。但说不妨，我自有用处。"郡守儿子见他说得如此坚决，知道他一定有什么打算，于是就将他父亲平日里所有的过错一五一十地向华佗说了个明明白白。

华佗听得真真切切，让人将郡守的过错一一记录下来，他同时写了一封信，历数了郡守的不是，又将他痛骂了一顿，最后留下信之后离开了。

有人将华佗的信送给郡守，他拆开后细细地读了起来。谁知，不看没事，一看之下，郡守大怒：华佗在信里不仅列举了他的过错，而且还措词严厉，一点儿不留情！

盛怒之下，郡守命人快快循着华佗远去的方向追赶，倘若赶上，立即带回治罪。派去捉拿华佗的人很快又回来了，说是华佗有话，要他回去可以，但必须由郡守亲自去请。否则，宁死不回！那人又说，华佗还说你一个小小郡守，何以张狂及此！郡守听人说完，又气又恼，急火攻心，"哇"的一声，终于大口一张，吐出了一堆淤血，又黑又稠，腥臭无比。如此一来，郡守的病反倒不治自愈了。

郡守的儿子将经过说了一遍，郡守恍然大悟，连称："神医，神医！"

从此，郡守好自为之，勤以修身，力戒过错，处处以身作则，开始行善积德。

曹操听说华佗的医术，感到有些疑惑，认为华佗是个有异术之人。偏巧，曹操患有头痛病，久治不愈。他那病十分奇怪，要么不犯，一犯便如裂开一

般，任凭什么药，都无法止住。手下的人劝他，既然有华佗这样医术高明的人，何不请他前来看看。

曹操将信将疑，但经不起众人劝说，将华佗请到了府中。华佗细细地诊视了曹操的病情后，取来刀斧，说是要为他治病，但必须打开他的头颅，取出里面的异物。否则，他的病是不可能好转的。乍听之下，曹操着实吓了一跳，认为华佗居心叵测，图谋不轨，加害于他。华佗坚持己见，认为非得照他的方法不可。这下，曹操勃然大怒，下令将华佗打入大狱，严加看管，不能让他妖言惑众，更不能让他借机逃遁。

手下的人见此情况，知道曹操错怪了华佗，百般劝谏，希望曹操放了华佗。无奈曹操固执己见，非要治华佗之罪不可。

终于，曹操以华佗有妖术为名，将他处死。但是不久，讳疾忌医的曹操，头痛病复发，而且日甚一日，遍寻良医良药不可得，终于一命呜呼了。

## 八仙的由来

八仙的故事在中国早有流传，影响很大，在古典文学、戏曲、绘画、雕塑作品中，都有八仙的形象。现在所说的八仙，是指张果老、韩湘子、蓝采和、何仙姑、铁拐李、钟离权、吕洞宾、曹国舅八位神仙。但八仙信仰并不是一开始就有的，而是在道教传播过程中，经过民间传说、文学创作的改造，把历史上一些互不相干的神仙拼凑在一起，从而逐渐形成八仙。

中国自古就有以八言仙的传统，以八言仙始于唐代，唐人江炽有《八仙传》、杜甫诗中有"饮中八仙"，则指八位诗人。五代时后蜀主孟昶曾得到道士张素卿所绘八仙真形八幅，这八位神仙是：李耳、容成公、董仲舒、张陵、严君平、李八百、范长生、尔朱先生。这跟现在人们心目中的八仙并不一样。但在此基础上逐步演化出八仙的故事。

宋代出现了大量的神仙故事，今传八仙中大部分在宋代就已流传其仙话，甚至有其祠祀。如吕洞宾、钟离权、蓝采和、何仙姑、曹国舅等都已被纳入道教的神仙谱系中。但八仙作为一个集团的记载，最早出现于元代的杂剧。如马致远的《黄粱梦》和《三醉岳阳楼》，岳伯川的《铁拐李》，范子安的《竹叶舟》，谷子敬的《城南柳》，等等。众多杂剧中有八仙出场，说明八仙故事在社会上十分流行，八仙形象极受观众欢迎。但元代杂剧中的八仙名目

**八仙塑像**

并不统一，除钟离权、吕洞宾、韩湘子、蓝采和、曹国舅五仙外，另外三仙说法不一，或说是徐神翁、张仙翁、风僧寿、元壶子、李凝阳、刘海蟾等，以及后来定为八仙中人的李铁拐、何仙姑、张果老。直到明代，八仙名目才渐趋统一。明代中后期的吴元泰以八仙的民间故事和杂剧、说话为素材，写了通俗小说《八仙出处东游记》，又名《上洞八仙传》，从此，八仙故事影响越来越大，八仙名目被基本确定下来。

八仙传说有很多文学创作的虚构成分，但作为八仙本人，历史上确实存在，只是后来经过民间流传和文学加工，越传越神，以致真假难辨。

张果老的事迹最早见于《旧唐书》。他本是一位修炼道士，据传有长生不老之术。唐玄宗曾经把他召入京城，而且为玄宗表演了齿落更生、白发变黑的道术，即使是喝苦堇汁酒也不死。而张果老的传说源于唐代张果的故事，后来传入民间，越传越神，再后来又加入张果老倒骑驴的传说，使之更富有传奇性。

韩湘子是唐代文学家韩愈的侄孙，在唐人所写的《酉阳杂俎》中记载了韩湘子能染花变色、花中出现诗名的故事，以及韩愈贬官途中遇韩湘子，作诗赠送的故事。随着时间的推移，后来又加入吕洞宾度韩湘子等内容，当然，韩湘子的故事也丰满了起来。

关于蓝采和的事迹最早见于南唐沈汾的《续仙传》，其中提到他"不知何许人也，每行歌于城市乞索"，"持大拍板，长三尺余"，衣衫褴褛，经常喝醉酒在城市中的大道上行走，其最有名的一首歌的歌词为："踏歌踏歌蓝采和，世界能几何？红颜一春树，流年一掷梭。古人混混去不返，今人纷纷来更多。朝骑鸾凤到碧落，暮见苍田生白波；长景明晖在空际，金银宫阙高嵯峨。"

关于何仙姑的传说，史料记载则有两个版本：一为唐代广州何泰女，在小的时候吃了仙桃与云母粉，不仅不饥饿，而且也不口渴，身轻如燕，洞知人事休咎。一为宋代永州何氏女，幼遇异人与桃食之，遂不饥渴。后来道教则把两个故事结合在一起，在明清时期又传出新的内容。说何仙姑为鹿所产，因为住在姓何的人家，所以姓何，而且把所遇到的那个奇怪的人称为吕洞宾，

何仙姑雕像

这就传出了吕洞宾度何仙姑的故事。

李铁拐作为八仙，起源于几个神仙故事的组合。一个是古仙巨神氏，他善于修炼，而且精通元神之术，后来更名为李凝阳，而且经常跟老子和宛丘先生同游。二是魏晋神仙李八百，精通丹鼎之术，或名李真、李脱、李阿，相传他有800岁。到宋代的时候，李八百的传说仍然有，以此命名。三是宋代刘跛子的传说，传说他曾经在君山遇到吕洞宾，习灵龟吞吐之法等。四是唐代的李元中，在终南山学道40年，到阳神出舍，肉体遭到了老虎的残害，在那个时候没有神灵的依靠，只能用残缺的身体来生存，所以就成

了跛脚。我们后来所听说的李铁拐的神话就是这样形成的。

钟离权本是五代后晋的将军，在被敌人打败之后逃到山中，由此看破红尘，出家学道。因为五代后晋、后汉相隔时间比较短，所以把他称为后汉人。后人爱托古夸诞，所以认为钟离权是魏晋前的汉代人，这导致钟离权的故事推前了1000年。关于钟离权的传说，最早出现于宋初，到北宋徽宗的时候，其故事更加丰富多彩，而且增加了一些新的内容，比如被传为吕洞宾的师父，撰有《灵宝毕法》等道教丹书。

吕洞宾本来是唐宋五代的隐者，后来因为修丹炼药，除恶势力而美名天下。到北宋时期，关于吕洞宾的故事越来越多，以至于出现了很多灵迹道书，使得吕洞宾成为道俗共同尊奉的大神。

在宋代的时候，已经出现了曹国舅的传说。在宋代，有一位国舅叫曹俏，但是他并没有成仙。神仙中有位叫曹八百的，或许曹国舅的传说是曹俏和曹八百实际的融合。

总而言之，关于八仙的故事是历史中各种神话传说的结合。

## "狗咬吕洞宾"

吕洞宾原名吕岩，山西省运城市芮城县人。最为常见的说法是吕洞宾为唐朝礼部侍郎吕渭的孙子，他的父亲吕让曾任海州刺史。吕洞宾从小就喜欢读书，而且饱读诗书，但是三举进士不第。直到64岁才中进士。

也就是在这一年，他游历长安，在一家酒楼中遇到了下凡度人的钟离权。在钟离权看到吕洞宾的时候就觉得他很有仙缘，于是主动跟吕洞宾交流。吕洞宾是个有大智慧的人，在与钟离权接触的过程中就知道这个人不同凡响，所以就想拜他为师。钟离权故意推托道："你的志向还不坚定，仙骨还没长全。如果要想学道，还得几世轮回。"听对方这样说，吕洞宾并没有气馁，而是回家之后继续修炼。

有一次，他和朋友结伴外出游历，当走到山林中的时候，突然有一只老虎窜出来。在这种情况下，所有的人都非常害怕，只有吕洞宾挡在大家面前，舍身为人。但没想到老虎看到吕洞宾之后变得温驯平静，绕过一行人，独自走了。人们感到特别奇怪，也非常赞叹吕洞宾的侠义行为。

吕洞宾还特别适合经商，而且也非常富有。他品行端正，乐善好施，所以

深受当地人的尊重。有一年冬天，吕洞
宾外出，在路边遇到了一个因为饥寒倒
地的年轻人。于是吕洞宾让人把他抬到
家中，把他放在火炉旁。过了很长一段
时间，年轻人醒了过来，吕洞宾让人给
他端来饭食。等年轻人情绪稳定之后，
吕洞宾通过询问才得知他叫苟杳，是个
读书人，但是遭到冤案，不仅父母被打
死了，而且家业也被没收了，自己只能
孤零零地一个人游荡。

乐善好施的吕洞宾

看到这个年轻人如此文质彬彬，
吕洞宾非常喜欢，于是就把他留在自
己家中，供他读书。苟杳感激涕零，
跪拜在地。吕洞宾说道："你不要这
样，如果你想要回报我，就好好读书，
为自己挣得一个好的前程，为你家洗去冤屈，造福万民。"

苟杳在吕府安顿下来之后，每天只知道安心读书。时间过得很快，转眼
间，一年过去了，还有两个月就是大考。这一天吕洞宾密友林员外来访，午
饭席间见到了苟杳。林员外见苟杳相貌堂堂，而且举止合体，一下子就喜欢
上了他。正好林员外的一个妹妹还没有出嫁，于是就向吕洞宾提亲，想把妹
妹嫁给苟杳。

当吕洞宾得知林员外的妹妹品貌兼有，所以特别愿意。只是临近大考，
害怕苟杳成婚后耽误了读书，所以就向林员外说出了自己的顾虑。林员外害
怕两个月内陡生变故，错过了妹妹一世良缘，还是坚持让吕洞宾答应，而且
尽快成婚。看到林员外这样，吕洞宾只好征求苟杳的意见。他把苟杳从书房
中叫了出来，就当着林员外的面询问。看到吕洞宾提亲，苟杳立马答应了。
其实，吕洞宾是想让苟杳做个挡箭牌，把林员外挡回去，没想到弄巧成拙。

在商定之后就成婚了。在成婚当天，吕洞宾对苟杳说："新婚头三天，你
不许进洞房，我要替你进洞房。"听吕洞宾这样说，苟杳心里特别不高兴，但
还是答应了。

新婚之夜，吕洞宾和新娘进入了洞房，苟杳按吕洞宾的要求在房中读书，

但因为心里比较乱，不可能读下书去。

很快，三天就过去了。苟杳迫不及待地进入洞房，但惊奇地发现，新娘的头巾还盖在头上。他揭开了头巾，没想到新娘子双颊布满了泪痕。新娘见到了苟杳，问道："你既然娶了我，为什么洞房花烛之夜让我一个人待在这里。而且这三天也没有跟我一块儿睡觉。这究竟是为什么呢？"

此时的苟杳才明白怎么回事。他明白了吕洞宾之所以这样做就是为了告诉他不要荒废时间。苟杳向新娘子解释清楚后，新娘子表示理解。在两个月之后，苟杳进京赶考，最终考上了状元，被皇帝封为高官。

常言道："十年河东，十年河西。"在几年后的一天，吕洞宾家中发生火灾，所有的东西都被烧掉了。当时不知所措的吕洞宾想到了苟杳。在他安顿好夫人之后就来到了苟府，见到了苟杳，将自己的困难告诉了苟杳，希望能得到他的帮助。苟杳设宴盛情款待，但是却只字不提帮助他的事情。吕洞宾三番两次告辞，其目的有两个，一是苟杳三番两次挽留，二是心存侥幸，希望苟杳能良心发现。很快几个月就过去了，吕洞宾特别想念家中的妻子，于是坚决告辞。在回家的路上，只是感叹人心叵测。

在吕洞宾回到家之后，看到废墟之上是一座新的府邸，上写吕府。看到这座府宅，他惊奇之余走了进去，看到妻子守在一口棺材前面，哭得不成样子。看到吕洞宾走了进来，只是惊讶地问道："你到底是人还是鬼？"当确定眼前的这位是自己丈夫之后，妻子说道："你走后不久，就有匠人到家清理废墟，拉来石土木料，给我们盖房子。问他们怎么回事，他们也不说。房屋建成后，苟杳差人送来一口棺材，说你死了，并且叮嘱我千万别打开。"

吕洞宾听罢，心里明白了八九分。他拿起斧头劈开棺材，发现里面放着一个小棺材；打开小棺材，看见小棺材里面，装满了金银珠宝！珠宝上面放着一个纸条，上写"你叫我妻守空房，我叫你妻哭断肠"。

原来，苟杳和吕洞宾开了一个玩笑。人们将"苟杳吕洞宾"配上"不识好人心"，原意是指吕洞宾没看出苟杳的好心。因为苟杳和"狗咬"谐音，最后演变成了"狗咬吕洞宾，不识好人心"这句俗语。

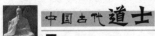

ZHONG GUO GU DAI DAO SHI

知识链接

## 唐玄宗迷恋道教

　　唐明皇执政初期，励精图治，尚能有所作为。开元末至天宝年间，渐渐纵情声色，信任奸佞，国事趋于衰败。这也正是他狂热迷信道教的高潮时期。玄宗崇奉道教，原想借助玄元圣祖的神威，保佑"天下太平，圣寿无疆"。然而事与愿违，正当唐朝君臣忙于庆贺圣祖显灵之时，"渔阳鼙鼓动地来，惊破霓裳羽衣曲"。天宝十四年（755 年）安史之乱爆发，玄宗仓惶西逃。他在途中还迷信道教，声称在利州（今四川广元）益昌县岭上看见老君乘白鹿而过，显示收安禄山之兆。他让四川道士设醮祈祷，请求玄元皇帝保佑早日平息叛乱，回返长安。当然这只是他一厢情愿的妄想而已。

**图片授权**
全景网
壹图网
中华图片库
林静文化摄影部

**敬　启**
　　本书图片的编选，参阅了一些网站和公共图库。由于联系上的困难，我们与部分入选图片的作者未能取得联系，谨致深深的歉意。敬请图片原作者见到本书后，及时与我们联系，以便我们按国家有关规定支付稿酬并赠送样书。
　　联系邮箱：932389463@qq.com

# 参考书目

1. 张石山，鲁顺民．礼失求诸野［M］．山西：北岳文艺出版社，2013.

2. 詹石窗．道教文化十五讲［M］．北京：北京大学出版社，2012.

3. 宋道远．图解中国道教生死书［M］．北京：紫禁城出版社，2012.

4. 傅勤家．中国道教史［M］．北京：商务印书馆，2011.

5. 彭友智．流传千年的道教故事［M］．北京：华夏出版社，2010.

6. 罗伟国．中国道观［M］．上海：上海古籍出版社，2009.

7. 李跃忠，曹冠英．道士［M］．北京：中国社会出版社，2009.

8. 南怀瑾．中国道教发展史略［M］．上海：复旦大学出版社，2007.

9. 陈莲笙．道风集：道教的发展和道士的修养［M］．上海：上海辞书出版社，2006.

10. 张振国，吴忠正．道教符咒选讲［M］．北京：宗教文化出版社，2006.

11. 黄景春，李纪．道心人情——中国小说中的神仙道士［M］．上海：上海辞书出版社，2005.

12. 王卡．中国道教基础知识［M］．北京：宗教文化出版社，2005.

13. 章冠英．十大道士［M］．上海：上海古籍出版社，1992.

14. 黄镇波．温州道士诗苑［M］．温州：温州市场报编辑部，1996.

15. 杜大恺．崂山道士［M］．北京：人民美术出版社，1980.

# 中国传统民俗文化丛书

**一、古代人物系列（9本）**
1. 中国古代乞丐
2. 中国古代道士
3. 中国古代名帝
4. 中国古代名将
5. 中国古代名相
6. 中国古代文人
7. 中国古代高僧
8. 中国古代太监
9. 中国古代侠士

**二、古代民俗系列（8本）**
1. 中国古代民俗
2. 中国古代玩具
3. 中国古代服饰
4. 中国古代丧葬
5. 中国古代节日
6. 中国古代面具
7. 中国古代祭祀
8. 中国古代剪纸

**三、古代收藏系列（16本）**
1. 中国古代金银器
2. 中国古代漆器
3. 中国古代藏书
4. 中国古代石雕
5. 中国古代雕刻
6. 中国古代书法
7. 中国古代木雕
8. 中国古代玉器
9. 中国古代青铜器
10. 中国古代瓷器
11. 中国古代钱币
12. 中国古代酒具
13. 中国古代家具
14. 中国古代陶器
15. 中国古代年画
16. 中国古代砖雕

**四、古代建筑系列（12本）**
1. 中国古代建筑
2. 中国古代城墙
3. 中国古代陵墓
4. 中国古代砖瓦
5. 中国古代桥梁
6. 中国古塔
7. 中国古镇
8. 中国古代楼阁
9. 中国古都
10. 中国古代长城
11. 中国古代宫殿
12. 中国古代寺庙

## 五、古代科学技术系列 （14 本）

1. 中国古代科技
2. 中国古代农业
3. 中国古代水利
4. 中国古代医学
5. 中国古代版画
6. 中国古代养殖
7. 中国古代船舶
8. 中国古代兵器
9. 中国古代纺织与印染
10. 中国古代农具
11. 中国古代园艺
12. 中国古代天文历法
13. 中国古代印刷
14. 中国古代地理

## 六、古代政治经济制度系列 （13 本）

1. 中国古代经济
2. 中国古代科举
3. 中国古代邮驿
4. 中国古代赋税
5. 中国古代关隘
6. 中国古代交通
7. 中国古代商号
8. 中国古代官制
9. 中国古代航海
10. 中国古代贸易
11. 中国古代军队
12. 中国古代法律
13. 中国古代战争

## 七、古代文化系列 （17 本）

1. 中国古代婚姻
2. 中国古代武术
3. 中国古代城市
4. 中国古代教育
5. 中国古代家训
6. 中国古代书院
7. 中国古代典籍
8. 中国古代石窟
9. 中国古代战场
10. 中国古代礼仪
11. 中国古村落
12. 中国古代体育
13. 中国古代姓氏
14. 中国古代文房四宝
15. 中国古代饮食
16. 中国古代娱乐
17. 中国古代兵书

## 八、古代艺术系列 （11 本）

1. 中国古代艺术
2. 中国古代戏曲
3. 中国古代绘画
4. 中国古代音乐
5. 中国古代文学
6. 中国古代乐器
7. 中国古代刺绣
8. 中国古代碑刻
9. 中国古代舞蹈
10. 中国古代篆刻
11. 中国古代杂技